한국의 코하우징

Cohousing Communities in Korea

글/사진 최정신·은난순·조정현

어문학사

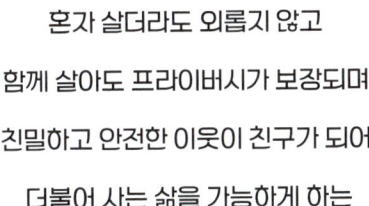

혼자 살더라도 외롭지 않고

함께 살아도 프라이버시가 보장되며

친밀하고 안전한 이웃이 친구가 되어

더불어 사는 삶을 가능하게 하는

코하우징

공동체 주거에 대하여 말한다.

저자 서문
& 들어가는 말

저자 서문

본 저서는 저자 세 사람의 오랜 연구 주제인 코하우징(공동체주택)에 대한 연구와 답사를 통하여 수년간에 걸쳐 얻어진 결과를 집대성한 것이다. 본 저서는 특히 저자들이 2000년 출판한 『더불어 사는 이웃 세계의 코하우징』(교문사), 2015년 출판한 『스칸디나비아의 시니어 코하우징』(어문학사), 2017년 출판한 『코하우징 공동체』(어문학사)에 이어 국내의 코하우징만을 집중 분석한 네 번째 코하우징 저서이다.

1970년대 이후 세계적으로 많은 코하우징 주택단지가 새로운 주거 대안으로 꾸준히 증가해 왔으나 국내에서는 비교적 늦은 2017년에 서울시 주택정책과에서 공급을 시작하였으며, 공동체주택 지원 허브인 '집집마당'을 발족하면서 본격화되었다.

서울시에서는 청년층 1인 가구, 고령자 가구, 맞벌이 가구, 고립된 핵가족 등이 적정한 가격으로 집을 짓고 이웃과의 공동체 삶을 추구하며 살 수 있도록 공동체주택 활성화 지원 등에 관한 조례를 마련하였다. 조례에서는 공동체주택을 입주자 간에 적극적으로 소통, 교류하는 주택으로 정의하고 공동체 공간과 공동체 규약을 갖출 것을 지정하였다. 또한, 공동체주택 인증제와 주택 건설을 위한 자금 대출 등을 통하여 공동체주택의 개발을 지원하였다.

서울시에서 분류한 공동체주택의 유형은 공영 임대형, 민관 협력형(토지임대부), 민간 임대형, 자가 소유형이 있다. '집집마당'에서는 일반 시민들이 공동체주택을 시작하고 운영함에 있어서 대면하게 되는 부담을 낮출 수 있도록 단계별 컨설팅, 최신 주택 정책 안내, 커뮤니티 활동 등에 대한 내용을 종합적으로 지원해 왔다. 그러나 '집집마당'이 서울시 주택 정책의 변동에 따라 2025년 6월 말에 운영을 중단하게 된 것은 매우 안타까운 일이다.

저자들이 기존에 출판한 코하우징 책에서는 거주자의 연령을 기준으로, 모든 연령대의 사람들이 함께 사는 연령 통합형 코하우징 age-integrated cohousing과 55세 이상의 사람들만 모여 사는 시니어 코하우징 senior cohousing으로 구분하여 그 차이점에 착안하여 집필하였다. 그러나 본서의 경우, 연령 기준보다는 코하우징 거주자의 수요자 요구에 초점을 맞추어 주택협동조합형 코하우징(4단지), 시니어 코하우징(3단지), 전원형 코하우징(2단지)의 세 가지로 유형을 분류하고 각각의 사례별로 집필하였다.

　　또한 저자들은 각 사례의 코하우징 단지에 직접 방문하여 주민들을 인터뷰하였으며, 이를 통해 설립 동기와 이념, 주민 모집 방식, 건축 과정과 비용, 공동 활동의 종류와 운영 실태, 주민 만족도 등을 조사하였다.

　　본 저서를 집필함에 있어서 저자들은 비전문가의 이해를 돕고 흥미를 유발할 수 있도록 책 전체에 읽기 쉬운 용어를 사용했고, 가능한 한 많은 사진 자료들을 수록함으로써 전문가, 학생들은 물론 일반 독자들에게도 쉽게 다가갈 수 있도록 노력하였다. 저자들은 이 저서가 앞으로 국내에서 코하우징에 대한 인식을 넓히고 코하우징을 짓고 살아가려는 사람들의 궁금증을 해소할 뿐만 아니라 개발 과정에 대한 자료로도 유용하게 활용되기를 기대한다.

　　마지막으로, 저자들의 견학 과정에서 귀찮음을 마다하지 않고 각 주택단지의 정보와 공동 생활공간은 물론, 개인들의 생활공간까지도 모두 열어 보여주신 여러 코하우징 거주자들께 깊은 감사를 드리며, 그들이 오래도록 만족스러운 공동체 생활을 누리기를 기원한다.

2025년 6월

한강을 바라보는 서울 여의도 연구실에서

저자들 씀.

들어가는 말

우리의 생활에서 삶의 질에 관한 관심은 점점 더 증가하고 있다. 최근의 세계적인 추세는 자신이 원하는 것을 추구하면서 살아가는 생활을 강조하고 있고, 그중에서도 사람들은 특히 어떤 주택에서 살 것인가를 매우 중요시하는 경향을 보인다.

인구학적 측면에서 현대 사회를 분석하면, 전통적 형태의 대가족은 감소하고 핵가족과 1인 가구가 증가하는 추세임을 알 수 있다. 이러한 인구학적 변화를 우리보다 일찍 접했던 유럽연합EU 국가들에서는 이에 부응할 수 있는 주거 대안의 하나로서 코하우징Cohousing 공동체를 개발하고 거기에서 직접 살아본 후 평가하는 작업이 꾸준히 이루어져 왔다. 특히 스칸디나비아의 덴마크와 스웨덴은 꾸준한 1인 가구의 증가와 건강한 고령층의 증가에 대한 주거 대안의 하나로 코하우징을 개발한 국가들로 주목받고 있다. 이와 더불어 독일에서는 나치 체제 시대의 사회주택을 기반으로 발달한 저소득층을 위한 코하우징이 다수 개발되어 있고, 북미 대륙에는 덴마크에서 코하우징을 공부하고 미국에 보급한 건축가 찰스 듀렛Charles Durrett과 캐드린 매카맨

들어가는 말

트Kathryn McCamant를 주축으로 많은 코하우징 공동체가 보급되어 운영 중이다. 한편, 일본에는 스웨덴에서 코하우징을 공부하고 돌아온 이쿠코 고야베Ikuko Koyabe에 의하여 코하우징이 처음 소개되어 현재 몇 개의 코하우징이 개발되어 있다.

우리나라는 1970년대 이후로 급격한 산업 성장을 이루어 국민의 경제적 생활수준은 향상되었으나, 한편으로는 극단적인 개인주의와 자기 가족만을 중요하게 생각하는 가족주의에 따른 심각한 사회문제에 직면하게 되었다. 특히 2010년대 이후에 대두된 사회인구학적 변화 즉, 노인 인구의 급격한 증가와 출산율의 저하, 여성의 경제활동 참여에 따른 맞벌이 가족의 증가, 이혼율의 증가로 인한 한부모가족의 증가, 결혼 기피 또는 만혼 경향으로 인한 1인 가구의 증가 등은 주목할 만한 현상이다. 이에 따라 새로운 주거 대안이 필요해졌으나, 도시 지역에서는 주택 가격이 상승하여 많은 사람들이 자신들이 희망하는 지역에서 적절한 주택을 찾는 데 어려움을 겪고 있다.

이러한 문제가 대두되면서 주택을 소유하기보다는 공동체 생활을 중시하는 새로운 대안 주택을 찾는 수요가 발생하였고, 서울시에서는 이에 부응하기 위하여 2016년부터 "공동체주택"이란 용어로 일반인들에게 코하우징을 소개하는 한편 소규모로 공급 지원 시도를 해 왔다. 이와 함께 수도권에서는 민간 주택협동조합 등이 주축이 된 소수의 코하우징이 개발되었고, 그 뒤를 이어 경기도에서도 사회주택과 코하우징을 결합한 형태의 공동체주택을 보급하기 시작하였다.

농촌 지역에서는 지속적으로 감소하는 인구를 정착시키고 도시권에서 새로운 인구를 유입하기 위하여 이미 몇 해 전부터 국가 공영 기관과 지방자치단체가 주축이 되어 공동체 주거 단지의 건설을 지원, 추진하여 전국에 여러 개의 주거 공동체를 설립, 운영하고 있다. 이러한 농촌형 공동체 주거 단지는 외국의 코하우징과 완전히 일치하는 것은 아니지만, 주거 단지 내에 공동 생활 시설을 배치하고 입주민들 간의 공동 활동을 적극적으로 지원한다는 점에서 일정 부분 코하우징의 이념과 공통점이 있으므로 한국형 코하우징의 한 가지 모델로 간주할 수 있을 것이다.

이와 같이 국내 일반인들 사이에서 코하우징에 대한 흥미와 관심이 점차 증가하고 있음에도 불구하고, 지금까지 해당 분야에 관여하

들어가는 말

는 전문가들 이외에는 코하우징(공동체 주거 단지)을 건설하고 운영하기 위한 구체적인 정보를 얻기가 어려운 실정이다. 따라서 이 책에서는 이러한 수요 증가와 정책적 관심에 부응하여 국내에서 최근 공급되고 있는 수요자 맞춤형 코하우징을 중심으로 구체적인 사례를 소개함으로써 국내에서 코하우징의 개념, 개발 시의 유의점, 접근 방법 등에 관한 유용한 정보를 제공하고자 한다. 특히 이 책에서는 각 지방자치단체의 코하우징 공급 정책, 건축 계획, 공동체 프로그램, 주거 관리 등에 대한 다양한 내용을 구체적인 도면이나 사진과 함께 담아내었으므로 관련 전문가는 물론, 학생들과 일반 독자들에게도 쉽게 다가갈 수 있는 지침서가 되리라 기대한다.

Contents

저자 서문   005
들어가는 말   010

Part 1
코하우징 알아보기

《 1 》 코하우징의 의미   019
《 2 》 코하우징의 발달 역사   038
《 3 》 코하우징의 종류   072

Part 2
코하우징의 디자인

《 1 》 코하우징의 대지 계획   085
《 2 》 커먼하우스의 디자인   089
《 3 》 개인주택의 디자인   094

Part 3
코하우징의 생활

《 1 》 공동 활동 프로그램   101
《 2 》 의사 결정 방법   114
《 3 》 주민 간의 갈등 조절   116

Part 4
국내 코하우징의 도입

《1》국내 코하우징 보급을 위한 주거 정책 지원과 사업　　123
《2》국내 코하우징의 유형　　138

Part 5
국내 코하우징의 사례

《1》주택협동조합형 공동체주택　　147
《2》시니어 코하우징　　199
《3》전원형 코하우징　　245

Part 6
향후 국내 코하우징의 확산을 위한 제언　　285

참고 문헌　　299

Part 1

코하우징 알아보기

《 1 》 코하우징의 의미
1-1 코하우징의 특징
1-2 코하우징 주민의 특성과 이주 동기
1-3 코하우징과 지속 가능성의 추구

《 2 》 코하우징의 발달 역사
2-1 유럽 코하우징의 발달
2-2 덴마크 코하우징의 발달
2-3 스웨덴 코하우징의 발달
2-4 노르웨이 코하우징의 발달
2-5 북미 대륙 코하우징의 발달
2-6 국내 코하우징의 발달

《 3 》 코하우징의 종류
3-1 운영 방식에 따른 분류
3-2 주민의 입주 연령에 따른 분류
3-3 소유권 형태에 따른 분류

《1》 코하우징의 의미

코하우징은 학자, 또는 나라에 따라 콜렉티브후스 kollektivhus, 부팰레스카버 bofællesskaver, 코퍼러티브 하우징 cooperative housing, 협동주택 등의 다양한 용어로 표현되고 있으나 코하우징 cohousing이라는 영어 용어가 가장 일반적으로 사용되며 국내에서는 공동체주택이란 용어를 주로 사용하고 있다. 그러므로 본서에서는 코하우징이라는 용어를 주로 사용하되, 공동체 주거라는 용어도 혼용한다.

현대사회에서는 6세 미만의 어린이를 둔 기혼 여성들이 시간제나 전일제 직업을 가지는 경우가 많아 이로 인해 육아, 가사와 식사 준비에 등에 많은 어려움을 겪고 있다. 이러한 현실에도 불구하고 각 세대는 식사 준비와 장보기를 각각 따로 하고 가족의 수나 직업 유무에 관계없이 대형 냉장고, 식기세척기, 세탁기, 건조기, 작업 공구, 자동차

등을 각 가정마다 따로 소유하고 있다. 반면 공동체 주거에서는 개인주택의 규모를 줄이되 공유 공간을 넓히고, 좋은 설비를 공동으로 구입하여 개인 설비보다 저렴하게 사용할 수 있도록 만드는 방안을 통해 이러한 낭비를 줄일 수 있게 되었다. 그리고 공동체 주거의 주민들끼리 주택과 정원 관리, 세탁, 저녁 식사, 육아와 같은 일상적인 활동을 공동으로 나누어 수행함으로써 각 가정에서 개별적으로 하는 것보다 시간과 비용을 더욱 효율적으로 감소시킬 수 있다.

개인주의가 팽배함에 따라 현대인들은 프라이버시 보호에 집착하여 공동체 생활을 등한시하고 고립된 문화를 만들어 가는 경향이 있었으나, 최근 이러한 현상에 대한 비판이 일어나고 있다. 과거의 촌락 공동체 사람들은 한 마을에서 오랫동안 서로 알고 지내왔기 때문에 각 가족의 구성원과 성격, 재능 등 모든 것에 대하여 잘 알고 있었으며 이러한 친밀한 관계는 상호 간 책임을 요구하기도 하지만, 한편으로는 안전과 소속감을 보장해 주었다. 코하우징은 이와 같이 장소와 이웃에 대한 공동체 의식을 재창조하기 위한 현대적인 모델의 주거 형태이자, 느슨한 공동체로서 프라이버시를 추구하는 현대인의 요구를 반영하기 위해 이웃끼리 지나치게 친밀해 강요 또는 압박으로 다가왔던 종래

(1) 코하우징의 의미

의 공동체적 환경을 개선한 새로운 형태의 공동체 주거 방식이다.

코하우징은 1988년에 이미 25년간 공동체주택의 역사를 가진 덴마크로부터 시작되었으며, 자립적인 개인주택에 살면서 공동체의 이점을 복합하기를 희망하는 사람들을 위한 새로운 주거 양식으로서 유럽, 북미, 아시아 대륙 등으로 전파되고 있다. 코하우징은 어떤 특정 이념을 추구하기보다는 더 실용적이고 사회적인 주거 환경을 희망하는 민주적 원칙을 기반으로 하고 있다.

외국에서는 코하우징에 대한 학문적 접근이 비교적 다양한 분야에서 이루어져 왔다. 구체적으로 살펴보면, 코하우징의 공동 활동을 성평등의 관점에서 보는 여성학적 접근, 외동 자녀의 사회성 발달 기여 측면과 단지 내에 자동차가 없는 안전한 주거 환경을 토대로 아동 양육의 바람직한 환경으로 보는 아동학적 접근, 주민들이 건축물을 짓는 현장이나 음식물의 소비, 자동차 사용 패턴, 자원 절약 등의 일상생활에서 실행하는 친환경적 생활을 에너지 절약의 관점에서 주목하는 생태학적 접근, 그리고 주민 간의 사회적 접촉을 촉진하는 건축물의 배치와 설계 전략 등을 위주로 보는 건축학적 접근 등이 그것이다.

Part 1 코하우징 알아보기

1-1 코하우징의 특징

코하우징을 통상적인 주거 단지와 비교하면 다음의 5가지 특징을 가진 주거 단지로 정의할 수 있다.

☙ 참여 과정

코하우징의 주민들은 공동체의 설립과 디자인 계획에 직접 참여하여 자기들의 요구를 반영한다. 아무리 디자인이 잘 된, 보행자 도로를 중심으로 만들어진 훌륭한 주택단지라 하더라도 계획 단계에 주민들의 참여가 없다면 진정한 의미의 코하우징이라고는 할 수 없고 단지 "코하우징의 영감을 받은cohousing-inspired" 주택단지에 불과하다고 볼 수 있다.

☙ 이웃을 중요시하는 디자인

코하우징의 물리적 디자인은 프라이버시를 유지해 줄 뿐만 아니라 공동체 의식을 강화한다. 예를 들어 주차장을 단지 입구에 모아서 배치하여 자동차의 출입을 제한하고 단지 내는 보행자 도로 위주로

《 1 》 코하우징의 의미

그림 1-1
디자인 과정에 주민들이 참여하여 완성한
충북 영동군 백화마을(상)과
경기도 남양주시 위스테이 별내(하)

Part 1 코하우징 알아보기

디자인하면, 주민들끼리 길에서 오가며 마주치기 쉽고, 어린이들이 안전하게 놀 수 있으며, 공동체 의식도 강화할 수 있는 환경이 마련된다. 보행자 도로를 중심으로 주택들이 서로 마주 보게 디자인하는 것도 이웃들이 쉽게 만나게 해주는 방법이다. 이와 같이 코하우징에서는 다양한 디자인 방법을 활용하여 의도적으로 주민 간 만남을 촉진한다.

그림 1-2
자동차 주차장을 단지의 입구에 배치하고
내부는 보행자 도로로 계획한
미국 바티매우스 코하우징(좌)과
덴마크 팅고든 코하우징(우)

《1》코하우징의 의미

개인주택을 지원하는 공동 생활 시설

코하우징의 공동 생활 시설, 즉 커먼하우스 common house 는 주민들이 매일 사용하는 일상적인 용도의 공간이다. 이 시설들은 공동체를 통합시키는 공간으로, 전형적으로 부엌, 식당, 거실, 세탁실, 어린이 놀이방, 취미실, 작업실, 손님방, 정원 등과 같은 시설들을 포함한다. 물론 각 개인주택에도 부엌이 있기는 하지만 큰 그룹이 모일 때에는 최대한 커먼하우스의 공동 부엌이나 식당을 이용한다. 코하우징에서는 많은 일상적인 활동을 공동 생활공간에서 해결할 수 있으므로 코하우징의 개인주택은 일반주택에 비하여 규모가 작은 편이다.

그림 1-3
주민들이 공동으로 사용할 수 있는 여유 있는 규모의
공동 식당(좌)과 회의실 겸 카페(우) /서울시 도봉구 오늘공동체

Part 1 코하우징 알아보기

그림 1-4
주민들이 공동으로 사용할 수 있는 운동실(상 /경기도 남양주시 위스테이 별내)과
목공실(하 /경기도 남양주시 위스테이 지축)

《 1 》 코하우징의 의미

🖈 주민에 의한 관리

　코하우징으로 입주한 이후에는 주민들이 자치적으로 공동체 관리에 참여함으로써 주민들끼리 서로 잘 알게 되며, 이를 통해 공동체 의식을 강화하고 실질적인 주택 관리 비용도 절약할 수 있다.

그림 1-5
주거 관리비를 절약할 수 있는 주민 간의 공동 활동 /스웨덴 스톡홀름 툴스투간 코하우징

Part 1 코하우징 알아보기

비계급적인 구조와 의사 결정

공동체마다 지도자의 역할이 있겠지만 코하우징에는 지도자가 없다. 때로는 공동체를 시작하는 데 보다 열성적인 사람이 있기는 하지만 공동체가 어느 한 사람에게만 의존하는 것은 아니다. 만일 어느 개인이 일방적으로 정책이나 기준을 세우는 단지가 있다면 그것은 진정한 코하우징이 아니다.

대부분의 코하우징에서는 만장일치제로 의사를 결정한다. 만장일치로 의사 결정을 하는 것은 다수결보다 시간이 더 많이 걸리고 어렵다. 그러나 만장일치제를 사용하면 다수결에 의한 결정 사항에 동의하지 않는 일부 주민들이 불만을 덜 가지게 될 뿐만 아니라 모든 회원들이 자기들이 결정한 사안에 대하여 동등한 정보를 공유할 수 있으며, 책임감을 가지게 된다.

{ 1 } 코하우징의 의미

그림 1-6
주민들이 자유로운 의견을 개진하는 만장일치제 의사 결정 과정 /스웨덴 예테보리 스탁켄 코하우징

1-2 코하우징 주민의 특성과 이주 동기

코하우징에는 과연 어떤 사람들이 살고 있을까? 그들에게는 어떠한 공통적인 특성이 있는 것일까? 코하우징 주민의 사회인구학적 특성을 연구한 학자들은 세계 각국의 코하우징 주민들이 국가를 막론하고 서로 비슷한 특성을 가지고 있다는 흥미로운 사실을 발견하였다.

코하우징에서는 주민 간의 협동을 통하여 육아와 일상적인 가사 업무를 분담한다는 기본적인 이념 때문에 직업과 가사를 양립해야 하는 기혼의 직업여성 가족(맞벌이 가족), 아이를 혼자서 양육하지만 자녀에게는 일반 가족과 같은 환경을 제공해 주고자 하는 한부모가족, 혼자 살면서 고독감을 느끼기 쉬운 노인 가족과 1인 가구 등이 주민의 주류를 이룬다. 성별은 남성보다 여성이 많고 직업은 공무원, 교사, 자유업 등에 종사하는 사람들이 많아서 교육 수준이 비교적 높은 편이며 소득은 중간 소득 계층이 많다. 그리고 유색 인종보다는 백인들이 많다.

덴마크와 스웨덴의 시니어 코하우징을 대상으로 한 연구 결과에서는 구체적으로 다음과 같은 주민 특성이 나타났다. 주민의 2/3 정도가 여성, 평균 연령은 70대, 가족 구성은 독신과 부부 가족이 거의

《1》코하우징의 의미

비슷한 비율을 차지하지만, 독신 가구가 약간 더 많았다. 설문 응답자의 2/3 정도가 시니어 코하우징에서 적어도 3년 이상 계속 거주하고 있었고, 건강 상태는 양호하였다. 반 정도의 주민이 초중등학교 졸업자(9년 의무교육)였지만 동시에 20% 이상이 대졸 이상의 학력을 가지고 있어서 스칸디나비아의 전체적인 교육 수준과 비교한다면 상대적으로 학력이 높은 편이었다. 은퇴 전의 주된 직업은 전문직에 종사한 사람들이 가장 많았다.

이와 같은 응답자들의 사회인구학적 특성은 스칸디나비아의 노인용 코하우징 주민의 일반적 특성을 잘 반영한다고 볼 수 있다.

그렇다면 사람들은 왜 코하우징으로 이주하는가? 사람들이 코하우징으로 이주하는 이유는 매우 다양하다. 단독주택에서 자립적으로 살던 가족이 코하우징으로 이주해 오는 이유는 이웃과 가까이 살면서 사회적 관계를 유지할 수 있기 때문이다. 한부모가족이 코하우징으로 이주하는 이유는 자기 아이들에게 양(兩)부모 가족의 아이들과 같은 사회적 관계를 제공해 줄 수 있고, 조리나 양육과 같은 실질적인 측면에서도 서로 도움을 주고받을 수 있기 때문이다. 노인 가구가 코하우징으로 이주하는 이유는 은퇴 후의 남아도는 인적 자원을 활용하고 세대(世代) 간 교류를 원활하게 하기 위해서이다. 또는 노인용 코하우징에서는 노인 또래끼리 살면서 이웃과의 정서적 지원을 주고받으며 가능한 한 오래도록 시설에 가지 않고 자기 집에서 건강한 삶을 영위하기 위해서이다. 한편, 어떤 사람들은 자기들이 추구하는 이념적 가치를 지향하기 위하여 코하우징으로 이주하기도 한다. 대체에너지 자원, 친환경적 생활, 자급자족 등을 추구하는 생태 마을 겸 코하우징 등이 그러한 예이다.

1-3 코하우징과 지속 가능성의 추구

대부분의 코하우징 주민들은 일상생활을 통하여 사회적, 경제적, 환경적 지속 가능성을 추구한다.

사회적 지속 가능성

코하우징의 주민들은 각기 다른 연령, 교육 수준, 가족 형태, 인

(1) 코하우징의 의미

종, 종교, 직업, 정치적 입장 등으로 구성되어 사회적으로 매우 다양하다. 그러나 주민들은 설립 과정에서부터 단지 계획, 건축 디자인, 의사 결정 단계를 함께 경험함으로써 지속적인 공동체를 유지하기 위한 단결력을 형성한다. 코하우징에서는 이웃과 서로 잘 알고 지내기 때문에 단지 내에서의 생활이 비교적 안전하며, 친근하고 따뜻한 이웃 관계를 만드는 것 이외의 사회적인 이데올로기는 없다.

경제적 지속 가능성

주민들이 주택단지의 개발을 스스로 관리한다면 적정 가격으로 자기 집을 가질 수 있다. 이것은 개발업자에게 돌아갈 이윤이 양질의 마감재, 주민들이 함께 사용할 공동 공간, 친환경적 디자인, 그 외 무엇이든지 주민들이 희망하는 것들을 만드는 데 쓰일 수 있기 때문이다. 미래의 주민들은 관리 과정을 통하여 제품을 선택하고 그때 얻게 되는 이윤을 자연스럽게 배우게 된다.

커먼하우스를 적극적으로 사용하면 개인주택의 면적을 절약할 수 있다. 접근성이 좋은 커먼하우스에서 작업실, 손님방, 공예실, 회의실, 사무실, 어린이 놀이방과 같은 공간을 공동으로 사용하게 되면 개

Part 1 코하우징 알아보기

인주택의 규모가 작아도 불편하지 않기 때문이다.

또한 자원을 공동으로 사용할 수 있다면 생활의 질을 낮추지 않고도 개인 물건을 적게 소유할 수 있다. 코하우징의 사회적 조직에서는 일상생활에서 컴퓨터, 프린터, 팩스, 캠핑이나 스포츠 용구, 냉동기, 공구, 심지어는 자동차까지도 자연스럽게 나누어 쓴다.

코하우징 주민 중 많은 사람들이 종사하고 있는 재택근무는 직장으로의 출퇴근으로 인한 교통에 대한 요구를 감소시킨다. 그뿐만 아니라 재택근무에서 발생할 수 있는 사회적 고립을 줄여주고 장비에 대한 비용을 개인적으로 지출할 필요가 없다. 재택근무를 위주로 하는 직업은 코하우징에서 진보된 통신 기술도 지원받을 수 있다.

코하우징의 주민 각자가 가지고 있는 인적 자원은 공동체에서는 더욱 유용하다. 코하우징에서 지식, 기술, 전문 분야, 시간의 교환은 공통적으로 일어나는 일이다. 아이들을 돌아가며 돌보거나 심부름을 조직해서 수행하는 것은 일상생활에서 필요한 일들을 줄여주는 좋은 예이다. 일상생활에서 필요한 자원을 나누어 쓰고 물건을 대량 구매하여 나누어 쓰는 것도 공동체의 경제 조직을 지원할 수 있는 방안 중의 하나이다.

그림 1-7
안 쓰는 물건을 나눔으로써 유휴 자원을 활용할 수 있다. /캐나다 랭리 윈드송 코하우징

환경적 지속 가능성

사회적 교류는 한편으론 친환경적 행동을 고취시킨다. 코하우징에서의 영향, 협동, 지원은 친환경적 행동의 수준을 높여줄 수 있다. 전형적으로 코하우징의 대지는 대중교통의 접근성이 좋고 자동차를 이용하지 않고도 걸어갈 수 있는 위치에서 많은 서비스와 연결이 가능

Part 1 코하우징 알아보기

하다. 이웃 간에 친숙한 코하우징 주민들은 친환경적인 자전거를 이용하거나 자동차를 나누어 타면서 자동차의 구입과 사용을 감소시킴으로써 환경 보전을 실천한다.

코하우징에서 협동하여 채소를 재배하는 유기농 정원은 지역사회에서 생산된 건강한 먹거리를 제공한다. 자연경관을 잘 이용하면 지역사회의 에코 시스템eco system을 강화시키고 유지를 쉽게 하며 수자원의 사용을 감소시킨다. 자연 서식지를 최대한 보존하고 자연환경에 미치는 영향을 최소화하기 위하여 새로운 단지를 건설할 때 대지를 적게 점유하는 집합주택을 짓고, 재활용 건축 재료를 사용하는 것은 코하우징에서 일반적인 일이다. 환경에 영향을 적게 미치는 건축 재료를 선택하면 온실가스 공해의 양을 절반으로 줄일 수 있다.

많은 코하우징 단지에서, 쓰레기의 퇴비화와 재활용을 위하여 전형적인 쓰레기 수거 방식 대신 공동체 나름대로의 쓰레기 수집 시스템을 사용하거나, 허드렛물이나 빗물을 모아 정원수나 청소 용수로 재활용하여 수돗물을 절약하기도 한다. 에너지를 효율적으로 사용하고 태양열과 같은 대체에너지를 사용하면 환경오염을 줄이면서 생활비까지도 절약할 수 있다.

그림 1-8
재활용 건축 재료로 집을 짓는 코하우징 /덴마크 쾨에 팅고든 코하우징

그림 1-9
환경오염을 줄여주는 코하우징 주민들의 자전거 이용 /덴마크 팅고든 코하우징의 자전거 주차장

《 2 》
코하우징의 발달 역사

    각국의 코하우징 운동의 개발 과정과 정책적 배경을 이해하는 것은 코하우징의 개발을 준비하는 우리에게도 시사하는 점이 있을 것으로 사료되어, 코하우징의 선구자인 스칸디나비아 각국의 발달 배경과 이에 반영된 주택 정책의 개입을 알아보기로 한다.

    코하우징은 외국에서도 아직까지 주택 시장의 주류 주택은 아니다. 덴마크의 코하우징 운동은 부펠레스카버의 옵션으로 안전하게 확장되었으나 노르웨이에서는 코하우징의 설립이 쉽지 않았다. 한편, 스웨덴의 코하우징 운동은 성공적으로 이루어졌으나 국가의 정치적 경향에 의존된 조합주택의 형태로 공영 부분과 긴밀하게 연결되어 있다. 이러한 차이는 21세기 각국의 정부와 사회 그리고 정치적 역사와 긴밀하게 연관되어 있기 때문이다.

《 2 》 코하우징의 발달 역사

2-1 유럽 코하우징의 발달

　유럽의 코하우징은 역사가 긴 편으로, 서비스를 공유하는 주민 친화적인 주거 단지의 다양한 모델이 이미 여러 시대에 걸쳐 개발되었다. 이 모델들은 때로는 정치적, 사회적 비전에서 출발하였고, 때로는 매일의 일상생활을 해결하기 위한 실질적인 비전에서 출발하였다.

　유럽의 역사를 거슬러 올라가면 인간의 이상적인 정주지에 대한 비전이 오래전부터 나타난다. 약 2,400년 전에 그리스의 철학자 플라톤Plato은 이상적인 커뮤니티란 모든 것이 집합되어 collectively 조직된 곳이라고 묘사하였다. 1506년 영국의 토마스 무어Thomas Moore는 "어디에도 없는 곳"이란 의미의 『유토피아Utopia』라는 책을 출판하면서 거기에 플라톤의 비전을 추가하였다. 무어는 이상적인 커뮤니티란 공동 식당, 공동 거실, 공동 여가 시설 등을 갖추고 사람들이 집단으로 모여 사는 곳이라고 하면서 현존하는 사회를 비난하였다. 그로부터 약 300년 후에 일어난 유럽의 산업혁명은 일과 생활이 집합적으로 조직된 평등주의적인 사회의 비전을 등장시켰다. 1840년대 영국의 로버트 오웬Robert Owen은 농업 사회와 산업사회의 가장 좋은 점만을 복합한

Part 1 코하우징 알아보기

이상적인 사회를 구상했는데, 약 2,000명의 주민으로 한정된 각 커뮤니티에서 서로 생산을 공유하는 사회였다. 남성과 여성에게는 평등한 권리가 있었고 넓은 식당, 학교, 유치원, 도서실, 운동장 등을 공유하는 한편, 각 개인주택은 소박하였다. 로버트 오웬의 추종자들은 북미 대륙으로 이주하여 이와 유사한 "뉴 하모니New Harmony"라는 커뮤니티를 세웠으나 오래 지속되지 못하고 몇 년 후에 소멸되었다.

스웨덴의 유명한 작가인 칼 요나스 루베 알름크비스트Carl Jonas Love Almqvist는 유토피아 사회주의자들에게서 영감을 받아 1835년에 『유니버설 호텔Universal Hotel』이라는 책을 저술하며 가사 노동을 집단적으로 해결하여 여성들이 보다 생산적인 작업에 종사할 수 있도록 돕는 시스템을 제시하였다. 당시 사람들은 이 아이디어가 불가능하다고 생각했지만 그는 "집집마다 각기 식사 준비를 하느라고 바쁜 것처럼 더 낭비적이고 어리석은 일이 있을까? 큰 도시는 마치 수천 명의 사람을 고용한 음식 공장과 같다"라고 비난하였다. 알름크비스트는 집단적인 가사 노동은 단지 시간을 절약할 뿐만 아니라 여성들이 자신의 남편만을 위한 가정부가 되지 않도록 해방시켜 주고, 이로 인해 남성과 여성 사이의 사랑이 결혼 후에도 사라지지 않을 것이라고 주장하였다.

《 2 》 코하우징의 발달 역사

　19세기에 들어서 유럽의 중산층 가족들은 가정부와 유모 등을 두고 살았으나, 서민층에게는 고용인을 두는 것이 너무 비쌌다. 그리하여 한 그룹의 가족들이 센트럴 키친central kitchen을 두고 공동으로 식사를 준비하여 각 가정의 아파트에서 주문받는 아이디어를 제안하였고 이에 영감을 받아 20세기 전반에 유럽의 각 수도에는 센트럴 키친의 건물이 여러 개 등장하게 되었다. 그 첫 번째 사례가 1903년 코펜하겐에 세워진 픽스 공동체Fick's Collective였고 이어서 스톡홀름, 베를린, 함부르크, 프라하, 런던, 비엔나 등지에서도 이러한 공동체가 설립되었다. 스웨덴의 스톡홀름에는 1905~1907년에 걸쳐 헴고덴 센트럴 키친Hemgården Central Kitchen이 세워졌는데 그곳에는 개인 부엌이 없는 60개의 아파트가 있었고, 지하실에 있는 센트럴 키친과 개인 아파트는 음식이나 식사 도구들을 운반할 수 있는 배식용 엘리베이터dumb-waiter로 연결되어 있었다. 주민들은 내선 전화로 센트럴 키친에 아침, 점심, 저녁 식사를 주문할 수 있었다. 헴고덴에는 주부가 출근해야 한다든가 공동 활동에 참여해야 한다는 등의 규정은 없었고 단순히 공동 가정부를 고용한다는 개념만 있었다. 그러나 위탁받은 회사에서 운영하던 센트럴 키친은 1918년에 부도가 났고 그 후에 부엌은 공동

Part 1 코하우징 알아보기

활동 공간으로 개조되었다. 그 이후 스웨덴에 헴고덴과 같은 공동주택이 다시는 나타나지 않았으나 매일의 가사 노동을 단순화할 수 있는 주택을 디자인하려는 아이디어는 모더니즘 modernism이 나타날 때까지 계속하여 중요한 사회적 이슈가 되었다.

    유럽 국가들 중 덴마크 이외에 코하우징이 많이 발달된 나라는 네덜란드이다. 네덜란드의 센트랄라 보넨 centralla wonen; central living 은 덴마크의 코하우징과 같은 개념의 공동체 주거 단지로서 미래 주민들이 주축이 되어 설립되고 공동 생활 시설 배치, 이웃 간의 긴밀한 사회적 관계를 추구하는 디자인, 주민들의 자치적인 운영을 기본으로 한다. 그러나 스웨덴의 공동체 주거 단지와 몇 가지 차이점도 있다. 레오 드 롱게와 피에테르 비다 Leo de Longe and Pieter Weeda가 디자인한 네덜란드 최초의 코하우징인 힐버숨 단지 Hilversum community는 50개의 주택들이 여러 개의 클러스터 cluster로 나뉘어 구성되었다. 1977년 이 단지가 처음 완공되었을 때 주민들은 외부로부터 조직 구성의 정보에 대한 질문을 많이 받았고 그들은 새로운 그룹들을 위하여 국립 센트랄라 보넨 조직을 만들었다. 그 후 30여 년이 지난 후 네덜란드에는 200여 개의 코하우징 단지가 완성되었고 40개 정도가 계획 중이다.

이제 유럽에서 코하우징은 노르웨이, 독일, 영국 등지에서도 설립되었고, 그 뒤를 이어 프랑스, 이태리, 체코, 폴란드 등에서도 확산되고 있다.

2-2 덴마크 코하우징의 발달

작은 농업 국가인 덴마크는 수도 코펜하겐에 전체 인구의 1/4이 집중되어 살고 있다. 덴마크 주택 시장의 구조는 특별하다. 전체 가구의 반 이상이 개인 소유의 주택에서 거주하고 1/5은 개인 소유 주택의 임차자이며, 1/5이 코하우징 조합의 임차자이고 나머지는 기타 건물에서 거주한다. 공공 부문에서는 전체 주택의 단지 2%만 소유하고 있고 사회주택social housing에 대한 지방정부의 책임은 주택협회와의 협조 체제하에서 조정된다. 오늘날 덴마크 전국에 760개의 주택조합이 있고, 그 산하에 7,400개의 주택이 있다.

덴마크 정부가 주택에 대한 책임을 지기 시작한 것은 세계 1차 대전이 끝난 후부터였다. 이 정책의 목적은 적정한 가격의 주택 생산

Part 1 코하우징 알아보기

을 촉구하고 사회주택 부문에의 투자를 감소시키는 것이었다. 지방정부 소속의 건설 회사에서는 대규모 주택 건설을 시도하였으나 중앙정부의 광범위한 정치적 지원을 받는 데에는 실패하였다. 건물협회Building Association는 이미 1919년에 정부와 법안 등에 관련된 자신들의 이익을 조종하기 위하여 전국적인 우산 조직(Fællesorganisationen: 조합 조직, 나중에 Boligselskabernes Landsforening: 주택협회로 개명됨)을 결성하였고 자치권이 있는 이익 주택조합(almene boligselskaber: 코하우징 조합) 시스템은 주택 시장에서 하나의 주요 기관이 되었다. 건물협회는 조합 주택의 공동 소유권, 조합 주택의 개인적 판매 금지, 특히 주택 건설에 공공 기금의 투입 등에 관한 주요 질문을 가지고 실제로 공공과 민영 부문의 중간적인 역할을 하였다.

제2차 세계대전 말에 인구가 증가하면서 건물협회는 주택 부문에서 중요한 파트너가 되었다. 그러나 그 후, 수십 년간 그들은 민영화를 지향하는 추세에 의해 도전을 받게 되었고 동시에 중앙화된 조직은 서서히 지방정부와 함께 분산화된 조직으로 대체되기 시작하였다. 이와 같은 민영화와 개인 소유에 대한 사회적 추세는 주택조합의 운동이 그들의 위치를 유지하면서 주택 시장에 진입해야만 한다는 것을 의미

하였다. 즉, 중산층을 사회주택과 관련된 건물로 유인하는 한편, 소비자가 스스로 시작하도록 유도해야 했다. 이러한 경향은 일반 시민들에게 지방정부 당국과 협조하여 자치적으로 주택조합을 시작하는 "기회의 창"을 열어주었고 이러한 시스템은 덴마크 코하우징 개발의 특징이 되었다.

덴마크는 코하우징이 신자유주의 정책으로부터의 위협을 가장 적게 받는 선구적인 국가이다. 정부에는 코하우징을 지원하는 기관들이 있고 지방 당국과 시민 그룹 사이의 긍정적 협조가 서로 원-원win-win의 관계를 형성하고 있어서 일반 대중 사이에서도 코하우징의 경험은 매우 긍정적이다.

전 세계적으로 보급된 현대적 코하우징은 덴마크 코하우징의 영향을 많이 받았다. 덴마크의 자치 관리 모델 코하우징은 1962년과 1966년 사이에 건축가 얀 굿만 회이어 Jan Gudman Høyer가 5명의 친구들과 함께 산업사회에서 오는 병폐를 회복시켜 줄 수 있는 지원적인 생활환경을 갖춘 새로운 주거 대안을 의논하기 시작한 데에서 비롯되었다. 그들은 인접 환경에서 도시 생활, 문화의 접근, 그리고 직업의 기회를 동시에 누릴 수 있기를 희망하였다. 그들은 도시 외곽의 단독주

Part 1 코하우징 알아보기

택이나 고층 아파트에는 주민 간 공동체 정신을 함양할 수 있는 공동생활 시설이 없다는 점을 인식하고 1966년에 코펜하겐 근교 조용한 도시인 하레스코우Hareskov에 대지를 구입하였다. 그 대지는 완만한 경사지로 에너지 절약형 주택과 패시브 태양열 난방시설을 설치하기에도 적당하였다. 그들은 커먼하우스와 수영장을 중심에 두고 이를 12채의 테라스 하우스가 둘러싸는 새로운 주택단지를 계획하였다. 그러나 이 프로젝트는 지방정부가 지원하였음에도 불구하고, 코하우징 단지에 아이들이 너무 많이 증가하여 조용한 지역사회가 시끄러워지리라는 기존 주민들의 반대에 부딪혀 무산되었고 결국 몇 년 후에 대지를 팔고 말았다.

그 후에도 회이어는 자신의 아이디어와 주택단지에 대한 내용을 묘사하는 "유토피아와 현대 단독주택 사이의 괴리"라는 기사를 신문에 연재하였다. 1968년 신문에 이 기사가 보도되었을 때 공동체 생활에 관심 있는 100가족으로부터 긍정적인 반응을 얻었다. 동시에 이와 유사한 아이디어로 1967년 "아이들은 100명의 부모를 가져야 한다"라는 글을 발표한 보딜 그래Bodil Graae의 기사를 읽고 50가족이 코하우징에 대한 관심을 표명하였다. 이 그룹들이 힘을 합하여 1968년에 코펜하겐 교외인 욘스투룹Jonstrup과 힐레뢰드Hilerød에 2개의 부지를 구하고 5년 후인 1973년 말에 욘스트룹에 스크러플라넷Skråplanet과 힐레뢰드에 새트담멘Sættedammen, 두 코하우징 단지를 완공시켰다. 1970년 가을에 새트담멘에 27가구가 입주하였고, 1972년과 1973년에 스크러플라넷에 33가구가 입주하여 현재까지 성공적으로 운영되고 있다.˙

　1968년 초에 회이어는 다른 그룹과 함께 좀 더 총체적인 코하우징인 화룸 프로젝트Farum Project를 개발하였다. 이 코하우징은 일반 가족과 1인 가구들을 위한 집합주택이 커먼하우스를 중심으로 배치되도록 디자인하였고 커먼하우스 안에는 학교까지 두었다. 그리고 모든 개인주택과 커먼하우스를 연결하는 보행자 도로는 유리 지붕으로 덮었다. 1970년에 개최된 주택 전시회에서 이 계획안은 많은 공영 주택 회사들의 관심을 모았다.

　한편 1971년 덴마크 국립건축연구소SBI: Danish Building Research에서는 저층 집합주택에 대한 현상설계 대회를 개최하였는데 모든 당선작들은 디자인 단계에서 주민들이 참여하는 공동 생활 시설을 강조하

* McCamant and Durret, 2011

Part 1 코하우징 알아보기

였고 이것이 일반인들에게도 널리 알려져 주택 논쟁에 중요한 영향을 미쳤다. 이로부터 5년 후에 현상설계에서 당선한 반드쿤스텐Vandkunsten 회사의 설계, 국립건축연구소의 지원 그리고 공영주택 회사의 참여에 의해 덴마크 최초의 공영 임대 코하우징 단지인 팅고든Tinggården이 완공되었다.

이에 뒤이어 1980년까지 6~36가구로 구성된 12개의 자가 소유형 코하우징 단지가 설립되었는데, 이 중 1개만을 제외하고는 모두 입주 예정자들이 주축이 되어 설립하였다. 1980년부터 1982년 사이에 코하우징 단지는 2배로 늘어나 12개 단지에서 22개가 되었고 10개의 단지가 계획 단계에 있었다.

그러나 코하우징 단지를 개발하는 것은 쉽지 않았다. 이를 인지한 회이어는 코하우징 계획 단계의 주민 그룹을 지원하기 위하여 건축가, 법률가, 건축 기술자, 사회과학자들과 연합하여 1978년에 "삼부SAMBO: The Association for Cohousing(직역하면 '함께 살기'라는 의미)"라는 지원 단체를 만들었다. 이 단체는 1981년 덴마크 주택부Danish Ministry of Housing에서 "협동주택조합법Cooperative Housing Association Law"을 제정하는 데 징검다리가 되어 코하우징의 건설을 보다 용이하게 하고 재정적인 비

《 2 》코하우징의 발달 역사

용을 줄여주는 데도 기여하였다. 그 이후 10개의 공영 임대주택 단지를 포함한 대부분의 덴마크 코하우징 단지는 모두 협동주택 융자금을 받아 건설되었다. 이 융자금을 받아 주택을 건설하려면 면적당 건축 자금의 제한을 지켜야 하고 단위 주택의 면적은 95㎡를 초과하지 않아야 한다. 특히 코하우징은 공사가 완공되기 이전에 미리 매매되기 때문에 은행의 지원은 매우 중요하다.

이제 코하우징의 이념은 덴마크 사회에 전체적으로 확산되어 건설업자들은 코하우징 디자인의 콘셉트를 통일하였고 이 콘셉트는 코하우징 단지에서뿐만 아니라 새로 개발되는 대규모 주거 단지의 마스터플랜에도 모두 적용된다.

회이어가 협동 생활에 대한 그의 아이디어를 처음 논의하기 시작한 지 50여 년이 지난 현재, 코하우징의 개념도 많이 진보되었다. 새로 짓는 코하우징에서는 커먼하우스의 비율과 중요성이 증가하여 개인주택의 평균 규모가 초기 코하우징의 거의 절반까지로 줄어들었다. 주민들은 이웃과 가까워지기 위하여 개인주택을 인접하여 짓는 것을 선호하는데, 특히 최근에 지어진 코하우징에서 한 지붕 아래에 개인주택과 커먼하우스를 함께 두는 사례가 많은 것이 그 증거이다. 개

Part 1 코하우징 알아보기

인주택은 여러 가지 유형을 복합하였고, 처음과 달리 주민과 가족 유형도 매우 다양화되었다. 코하우징에 사는 비용이 비싸서 보통 사람들은 접근할 수 없다는 종전의 비판은 이제 덴마크에서는 더 이상 통용되지 않는다. 많은 사람들이 현존하는 코하우징 단지에서 그 장점을 배우고 인식하였기 때문에 주민들끼리 서로 더 가깝게 살려는 의지는 더욱 강해지고 있다.

덴마크에서는 1986년에 비영리 국영 단체인 덴마크 노인협회 앨드르 사이엔 Ældre Sagen: 'Dane Age'이 발족되었다. 덴마크 노인협회는 2014년 기준 60만 명의 회원이 가입해 있고 전국적으로 200개의 지부가 있으며, 현재 중앙정부와 지방정부의 정책 결정에 큰 영향력을 미치는 단체로 성장하였다. 이 단체는 코하우징이 은퇴를 앞두거나 이미 은퇴한 노후 세대의 관심을 끄는 점을 알고 다양한 형태의 일반 노인주택은 물론, 시니어 코하우징의 개발을 촉진한다. 2020년을 기준으로 덴마크에는 350개의 시니어 코하우징과 140개의 연령 통합형 코하우징이 있다.

2-3 스웨덴 코하우징의 발달

스웨덴은 두 차례의 세계대전에 개입하지 않아서 1945년 종전 이후에 즉각적으로 경제적 발달을 할 준비가 되어있었으므로 20세기의 대부분을 정치적 안정 속에서 지냈다. 스웨덴의 복지사회는 1930년대에 이미 시작되었고, 1940년대 후반에는 모든 시민에게 적정한 가격의 주택을 공급하고 무상으로 의료와 교육 서비스를 제공하며 어린이가 있는 가족을 위한 보조금을 지급할 수 있었다. 그러나 성공적인 복지 모델의 강력한 사례였던 스웨덴도 국내외의 이데올로기와 정치적인 격동에 저항할 수는 없었다. 1980년대에 신자유주의 이념이 진출하면서 극히 최근에는 정부가 공영 임대주택을 조합 소유의 코하우징으로 전환하게 하였다.

스웨덴 코하우징의 기원은 멀리 1920년대, 경제의 깊은 수렁에서 대량의 실업과 퇴직 사태를 몰아온 전후 시대로 돌아간다. 이때 자신들의 이익을 방어하기 위하여 일어난 노동자계급의 운동은 강력한 힘을 가진 전국적인 조합을 만들었다. 그 첫 번째 시작은 1923년 HSB Co-operative Housing Association의 설립이었고 1930년에 공동소유주택협회

Part 1 코하우징 알아보기

라는 조직을 구성하였으며 그 이후 이 협회는 주택 시장에서 광범위하게 설립되었다. 이 협회는 주택 재고량을 공동으로 관리하고 건설하는 데에 주력하였다.

주택 공급에 있어서 공공 부문의 개입은 1932년 사회민주당이 선거에서 승리하면서 시작되었다. 그동안 강력한 정책 지원으로 많은 주택 건설이 시행되다가 1946년 세계 제2차 대전에 의해 중단되었다. 1946년 국회는 대규모 개혁을 실행하여 중앙정부에서 시행하던 임대주택의 공급을 지방정부의 공영 건설 회사와 관리 회사에서 수행하도록 지방분권화하였고 그 이름을 공동소유주택allmännyttiga bostadsföretag 또는 공공주택allmännyttan이라고 칭하였다. 이 개혁은 주택 기준의 수립과 임대료의 수준뿐만 아니라 나중에 코하우징을 소개하는 결정적 계기가 되었다.

1960년대 중반까지 스웨덴 정부에서 거대한 건설 프로그램이 수립되어 100만 호 아파트 건설 목표가 달성되었다. 그러나 이때 건설된 신도시 주택단지는 직장으로부터의 지리적 격리 때문에 여성의 노동시장 진출을 방해하는 요소로 등장하였다. 그동안 강력하게 성장한 여성운동은 가정과 고용에서의 성평등의 이념을 기반으로 공공 부문의 개입에 초점을 맞추고 특히, 공영 임대주택을 통한 문제 해결에 집중하였다. 그 결과 1980년대에 스톡홀름에서는 몇 개의 공영 임대 코하우징 단지가 정치적 지원을 받아 설립되었다.

    1991년 선거에서 우파 정당이 승리하면서 스웨덴의 주택 정책은 내리막길에 오르기 시작하였다. 공영 주택 회사들은 보호막을 잃고 공개시장 경쟁에 적응해야 했고, 공영 임대주택도 조합 소유로 전환되는 정책이 채용되었다. 이 정책은 불가피하게 부자와 가난한 자, 그리고 이민자 출신의 스웨덴인과 비이민자 출신의 스웨덴인 그룹 사이에 공간적 차별을 강화시켰다. 2002년, "조합 임대법cooperative tenancy"이 수립되었는데, 이것은 협동조합이 공영 임대주택 회사로부터 아파트 블록 전체를 임대하여 그 회원들에게 재임대하는 책임을 지는 것이다. 이 형태는 조합이 주택 계획 단계에서 적극적인 활동자가 될 수 있고 나중에 아파트 블록의 전체 관리를 책임지게 되는 덴마크의 "주택 민주법"과 매우 흡사하다. 이러한 형태가 현재 여러 코하우징 단지에서 시험되고 있다. 현재까지의 경험에 의하면 이러한 형태에 대한 반응은 대체적으로 좋은 편이다. 그러나 조합이 주택 회사로부터 전문적인 지원을 필요로 하는 부분이 있기 때문에 조합과 주택 회사 사이의 책임

Part 1 코하우징 알아보기

의 분리가 앞으로 논의해야 할 중점적인 부분으로 남아있다.

최근 스웨덴 공공 부문에서의 관심은 노인복지와 맞물린 시니어 코하우징 모델의 개발이다. 시니어 코하우징은 증가하고 있는 은퇴층에게 보다 의미 있는 생활과 사회적 안전성을 주어 주민들 스스로가 최대한 오래도록 자기 집에서 살도록 지원해 줌으로써 결과적으로 요양원, 노인 병원 등의 노인복지에 소요되는 사회적 부양 비용을 감소시킨다는 의미도 내포하고 있다.

스웨덴의 코하우징은 1930년대 처음 개발된 콜렉티브후스 *Kollektivhus*: collective housing, housing with service 모델에서 발달되었다. 스웨덴의 코하우징은 덴마크의 코하우징과 달리 주로 비영리 주택 회사와 개발자들에 의해 보다 시설적인 접근 방식으로 시작되었고, 대부분 단층의 연립주택이나 단독주택이 많은 덴마크와 달리 고층 아파트로 지어진 경우가 많다.

스웨덴에서 모더니즘이 시작된 이후, 1930년 스톡홀름 전시회에서 출판된 『악셉테라*Acceptera*: Accept』라는 책에서 미래에는 주택의 많은 부분이 집합적으로 조직될 것이라고 예측하였다. 이 아이디어는 여성주의자이며 사회학자였던 알바 뮈르달Alva Myrdal과 건축가였던 스벤 마켈리우스Sven Markelius에 의해 현실화되었다. 뮈르달은 1932년 티덴Tiden: Time이라는 잡지에서 20가구가 자기 아파트에서 개별적으로 요리를 하고, 아이들은 각자 작은 방 안에 갇혀 사는 형태의 도시주택은 총체적인 개혁이 필요하다고 지적하였다. 그들은 전문직 여성 클럽에서 1층에 센트럴 키친과 식당이 있고 배식용 엘리베이터가 음식을 각 아파트로 배달해 줄 수 있는 새로운 주택 안을 제시하였다. 전문적인 보모들이 아이들을 돌보는 보육원도 한 건물 안에 배치하여 주부가 직장에서 늦게 퇴근하는 날에도 밤까지 어린이를 안전하게 돌보아 줄 수 있게 하였고, 게임과 일광욕을 할 수 있는 공간도 옥상에 배치하였다. 그러나 이 아이디어는 '아동 양육 공간을 따로 두는 코하우징은 극단적으로는 가족 해체를 가져올 것'이라는 반대 의견에 부딪히게 되었다. 모더니스트modernists 또는 기능주의자들functionists의 아이디어는 사회적으로 중요한 위치를 차지하였으나 여성연합을 제외한 다른 노동운동 조직 안에서는 전혀 지지를 받지 못하였다.

마켈리우스는 스톡홀름 알빅Alvik 지역에 3개의 큰 건물을 세우기 위해 정부로부터 공식적인 지원을 받고자 노력하였으나 결국 성공하지 못하였고, 그 대신 1935년에 개인적으로 스웨덴 최초로 소규

Part 1 코하우징 알아보기

모의 서비스 모델 코하우징을 스톡홀름의 욘 에릭손스가탄 6번지John Ericssonsgatan 6에 설립하였다. 이 코하우징에는 54개의 작은 아파트와 센트럴 키친, 배식용 엘리베이터, 작은 가게, 그리고 뮈르달의 교육적 이념에 맞는 보육원까지 있었다. 주부는 퇴근하면서 저녁 식사를 걱정할 필요 없이, 엘리베이터에 붙어있는 메뉴를 보고 1층에 있는 센트럴 키친에 주문하기만 하면 자기 아파트로 음식을 배달받을 수 있었다. 또한, 이곳에는 공동 세탁실도 있어서 주민들이 지하실의 세탁실로 세탁물을 보내면 직원들이 세탁해서 배달해 주었다. 욘 에릭손스가탄 6번지의 가장 중요한 목표는 합리적인 생활 방식을 통하여 가사 노동을 단순화함으로써 여성들이 보다 생산적인 직업을 가지고, 공적인 부문에 기여할 수 있도록 자유를 주는 것이었다. 주민들은 식당에서 서로 만날 필요가 없었고 건물을 유지하기 위하여 공동 작업을 할 필요도 없었다. 이 코하우징은 30년 정도 잘 유지되었으나 결국 1960년대에 문을 닫았다. 1950년대에 마켈리우스는 기능주의적 관점에서 개인 건설업자의 도움을 받아 300개 이상의 아파트, 공동 식당, 그 외의 공유 시설을 갖춘 "헤셀비 패밀리 호텔Hässälby Family Hotel"을 스톡홀름에 완공시킴으로써 스웨덴 코하우징의 선구자가 되었다. 이와 더불어 1930

《 2 》코하우징의 발달 역사

년대부터 1950년대에 걸쳐 스웨덴에는 몇 개의 코하우징이 더 설립되었다. 1개는 예테보리 Göteborg, 또 1개는 외뢰브로 Örebro, 그리고 8개는 스톡홀름에 세워졌다.

　　개인 건설업자인 울레 엥크비스트 Olle Engqvist는 욘 에릭손스가 탄 6번지의 코하우징 아이디어에 감동을 받아 그 후 20년에 걸쳐 스톡홀름에 6개의 코하우징을 더 세웠다. 엥크비스트는 1938년에 쿵스클리판 Kungsklippan에 사무직 여성 연합과 합동으로 미혼 여성을 위한 스마르고덴 Smargården 코하우징을 지었고 몇 년 후에는 마리베리 Mariberg 코하우징을 지었다. 마리베리 코하우징은 198개의 아파트와 리셉션, 식당, 유치원, 기타 공동 시설로 구성되었으나 배식용 엘리베이터는 설치하지 않았다. 그 대신 주민들은 일반 레스토랑에서와 같이 제복을 입은 직원들이 서빙해 주는 고급스러운 분위기의 식당에서 식사를 하였다. 마리베리의 아파트는 2~3개의 방과 소형 부엌으로 구성되어 시작 당시에는 어린이를 가진 가족들이 많이 입주하였으나, 스웨덴의 전체적인 주거 환경이 개선됨에 따라 어린이가 많은 가족들은 좀 더 넓은 주거 환경을 찾아서 이주해 나갔고 그 대신 편모 가족들이 입주하였다.

Part 1 코하우징 알아보기

　　스웨덴에서 코하우징의 아이디어는 계속 발전되어 나갔지만, 한편 정부는 전업주부가 아동 양육을 직접 담당하지 않으면 결국은 어린이가 사회문제화되리라는 의견을 내고, 코하우징은 일부 지식 계층에게만 적합한 주거이므로 정부의 지원을 받을 수 없다는 결론을 내렸다. 그러나 1960년대에 들어서 아이를 가진 기혼 여성이 직업을 가지는 현상이 일반화되었고, 따라서 일반 주거 지역에서도 아동 양육의 지원을 위하여 더 많은 보육원과 서비스가 필요하다는 정부의 중요한 결정이 내려졌다.

　　이러한 과정을 거쳐 유급 직원들이 서비스를 제공해 주던 서비스 모델service model형 코하우징은 1970년대에 들어서 차츰 주민들이 직접 운영에 참여하는 자치 관리 모델self-work model형 코하우징으로 변화하게 되었다. 자치 관리 모델 코하우징은 주민들이 자발적으로 공동 식사, 주택 관리와 같은 일상적인 가사 노동에 참여하는 것은 물론, 아동 양육까지도 분담하는 체제로 운영된다. 따라서 자치 관리 모델 코하우징은 생활비를 절약할 수 있다는 실질적인 이점과 함께 공동 활동을 수행하는 동안 주민들 사이에 서로 친밀한 사회적 관계가 촉진된다는 사회적 이점도 있어서, 극단적인 개인주의화로 인한 현대사회의

《 2 》 코하우징의 발달 역사

약점을 보완하는 새롭고 안전한 주거 대안으로 인정받고 있다.

1960년대와 1970년대에 스웨덴에서는 100만 호 건설 운동으로 대량 공급된 고층 아파트들이 10여 년 동안이나 분양되지 않고 공실로 남는 현상이 사회문제로 대두되었다. 이에 비영리 주택 회사들은 여기에 공동 생활 시설을 추가하고 주민들의 자치 운영 체제를 도입하여 새로운 분위기의 코하우징으로 개조하였다. 그 예가 예테보리 외곽에 위치한 9층 아파트인 스탁켄Stacken 코하우징으로, 33개의 주택과 공동 식당, 어린이 탁아소, 작업실, 세탁 시설 등의 공동 생활 시설을 추가하여 구성하였다.

1980년대부터 1990년대에 걸친 시기에는 몇 중년 여성들이 모여 가사 노동의 경감을 추구하는 자치 관리 모델의 코하우징을 출발시켰다. 현재 스웨덴에는 50개 정도의 코하우징 단지가 설립되었는데 대부분은 신축 건물이지만, 오래된 건물을 개축한 것도 있다.

스웨덴 코하우징의 소유권은 일부 자가 소유형도 있으나 대부분은 공영 임대주택이다. 현재 스웨덴에서는 임대주택형인 BiGBoihop: Live Together 모델이 코하우징의 선두를 주도하고 있다. BiG는 임차자들이 스스로 주택조합을 구성하여 지방정부 소유의 공영주택 회사로

Part 1 코하우징 알아보기

부터 단체로 주택을 임대하고 조합이 다시 개인 임차자들에게 재임대하는 방식이다. 이렇게 하면 주택 회사 측에서는 임대차계약을 개개인과 할 필요 없이 조합과 하고, 개인 임차자의 입장에서는 임대료 조정 등의 사안에 대하여 조합 단체로 접근할 수 있어서 개인보다 강한 의견을 낼 수 있으므로 양측 모두에게 효율적인 방안으로 인식되고 있다.

스웨덴 국립 코하우징 협회 The Swedish National Association 인 콜렉티브후스 누 *Kollektivehus Nu: Cohousing Now*의 공식 홈페이지인 www.kollektivhus.nu에는 2020년 현재 44개의 코하우징 단지가 등록되어 있다. 이 단체는 1981년에 처음 설립되었다가 2005년에 개정되었으며, 코하우징을 비롯한 다른 대안 주거의 활성화를 촉진하고, 일반인들에게 홍보하는 사업을 펼치고 있다. 이 협회는 기존의 코하우징은 물론, 새로이 코하우징을 설립하려는 그룹도 지원하고 정부 당국에 코하우징의 설립과 운영에 긍정적 영향을 촉구하기 위하여 활동한다. 스웨덴에 현재 50개 이상의 코하우징 단지가 현존하는 것은 시민단체의 캠페인과 공영주택 당국의 긍정적인 반응의 결과이다.

그림 1-10
덴마크 쾨에 지방정부와 함께 개발한 덴마크 최초의 공영 임대 코하우징 팅고든

그림 1-11
미분양 공영 아파트를 개조한 스웨덴 예테보리의 스탁켄 코하우징

《 2 》 코하우징의 발달 역사

2-4 노르웨이 코하우징의 발달

노르웨이는 기본적으로 긴 해안선과 산맥의 고원으로 이루어져 있고 정주지는 해안선 깊숙한 피요르의 내부에 위치한다. 이러한 지리적 장애는 지방 방언과 습관이 다른 격리된 지역사회를 만들었고 국가의 정치에도 반영되었다.

노르웨이의 주택 시장에서는 개인 소유 유형이 지배적이어서 전체 주택의 80%가량이 개인 소유 주택이다. 공공 부문의 사회주택 social housing은 4%만을 차지하고 나머지 임대주택은 다양한 형태의 소규모 비영리 소유자에 의해 운영된다. 이와 같은 개인 소유가 지배적인 노르웨이의 주택 유형은 역사적으로 농촌 사회의 토지 소유 조직과 밀접하게 관련되어 있었으나 19세기 말 산업혁명과 함께 노동자들이 도시로 모여들고 도심에 주택의 수요가 증가하면서 변화하게 되었다. 증가하는 주택 수요에 따라 개인 소유 체제하에서 아파트가 세워졌고 이 아파트들이 상업적으로 임대되었다. 이에 따라 노동자들과 그들의 정당인 노동당에 의해 정부의 주택 정책에 대한 개입이 시작되었다. 그들은 임대주택이 주택 시장의 압박에서 벗어나 자유로운 생산 조건

Part 1 코하우징 알아보기

을 만들고 임차자들의 이익을 방어하는 조직을 만드는 데 도전하였다. 이 시기에 노르웨이의 수도이고 산업화의 중심지인 오슬로는 공공주택 건설의 선구자 역할을 주도하였다.

　이와 같은 공동 노력으로 노르웨이는 개인 소유 임대주택을 최우선순위에서 차 순위로 몰아내는 주택 정책에서 성공하였다. 1960년대 후반에 정부는 개인 소유 임대주택을 스웨덴의 공동 소유 주택all-männyttan과 유사한 조직을 통하여 조합 소유권으로 몰아갔으나 이것은 초기의 공영주택을 조합 소유로 전환시키기에는 너무 늦었고, 지방 당국에서는 그 이후 더 이상 공영주택을 생산하지 않았다. 따라서 주택 시장은 조합 소유 또는 개인 소유 중의 하나로 변화되어 오늘날 노르웨이의 대부분의 주택 재고는 이 두 가지 유형 중의 하나에 속한다.

　주택 가격에 대한 법규는 1980년대에 조합 소유 아파트까지도 시장경제의 체제하에서 결정하도록 제정되었다. 2000년대 중반에는 비영리 임대주택 부문의 개발에 대한 제안이 나왔고 산업화 이전의 노르웨이 주택 부문과 유사한 기본적 구조가 되었다. 현재 노르웨이에는 덴마크와 스웨덴의 코하우징과 같은 사회적 개발은 거의 없다.

2-5 북미 대륙 코하우징의 발달

북미 대륙에 코하우징이 알려지기 시작한 것은 1980년대에 덴마크의 코하우징에서 영향을 받은 미국의 건축가 캐드린 매카멘트 Kathryn McCamant와 찰스 듀렛 Charles Durrett이 그들의 책 『코하우징, 우리를 위한 주거의 새로운 접근 Cohousing, a Contemporary Approach to Housing Ourselves』을 출판하면서부터이다.

북미 대륙의 경우, 스칸디나비아 국가들과 달리 정부에서 지원하는 공영 임대주택보다는 개인 또는 조합 소유의 코하우징이 주류를 이루며, 단지 구성, 주민 교육, 건물 디자인, 분양 등, 코하우징의 설립을 전문적으로 컨설팅해 주는 컨설턴트와 코디네이터가 있어서 이들이 대부분의 실질적인 업무를 대행해 준다. 2020년 기준 미국에는 200여 개의 코하우징 단지가 완성되어 운영되고 있고 최근 100개 이상의 새로운 공동체가 개발 단계에 있다. 이 중에는 시니어 코하우징이 12개 포함되어 있고 새로운 12개의 시니어 코하우징도 개발 중이다.

미국의 코하우징 네트워크 홈페이지 http://www.cohousing.org에는 미국의 코하우징 형성, 건설, 분양, 입주, 집 찾기, 생활 등에

Part 1 코하우징 알아보기

대한 다양한 정보를 수록하고 해마다 전국적인 코하우징 학회를 열어 코하우징 입주자는 물론 코하우징에 관심을 가진 사람들 또는 코하우징의 입주를 고려하는 사람들에게 다양한 정보를 제공하고 공유한다.

　　인접한 미국의 영향을 많이 받아 코하우징 공동체를 구성한 캐나다의 경우에도 미국과 유사하게 코하우징의 건설을 맡아서 도와주는 코하우징 컨설턴트가 있다. 캐나다 코하우징 협회 홈페이지 http://cohousing.ca에 의하면 2020년 현재 캐나다 전역에 15개의 코하우징이 완성되어 운영되고 있고 18개가 그룹 형성 중이며 11개가 개발과 건설 중이다. 이 중에는 시니어 코하우징도 3개 포함되어 있다.

그림 1-12
타운하우스로 도심에 구성된 캐나다 밴쿠버의 퀴사이드 코하우징 외관

그림 1-13
보행 도로를 유리 지붕으로 덮어 기후에 관계없이 주민 활동을 촉진하는 캐나다 랭리의 윈드송 코하우징

1-12

1-13

2-6 국내 코하우징의 발달

우리나라에 코하우징이 도입된 것은 고령화, 만혼·비혼 등의 영향으로 청년, 노인 중심의 1인 가구가 급속히 증가하여 새로운 주거 유형과 문화에 대한 욕구가 생겨났기 때문이다. 특히 1인 가구에서는 과도한 주택 가격과 임대료 부담 탓에 저렴한 주택에 대한 수요가 증가하였다. 더욱이 서울의 경우에는 가구 소득 대비 주택 가격의 비율이 더욱 높아 내 집 마련이 쉽지 않은 상황이다. 2010년 이후 전세 가격이 지속적으로 상승하면서 보증금 조달에 애로를 겪어 왔고 전세의 월세 전환 가속화로 월 임대료 지출에 대한 저소득 가구의 가계 부담도 증가하였다.

이와 더불어 주택에 대한 사람들의 인식도 변화하여 양질의 주거 환경에 대한 욕구가 증가하였으며, 부동산 시장의 침체 등으로 인하여 점차적으로 주택을 투자 대상에서 생활공간으로 생각하는 인식으로 전환되었다. 특히, 젊은 세대의 경우에는 주거 안정을 위한 거주 공간에 대한 인식이 강하다. 이와 함께 결혼, 임신, 육아 등으로 30대 이후 여성의 경우에는 경력 단절이 발생하였고 고령화, 가족 해체, 이

《 2 》 코하우징의 발달 역사

웃 관계 단절 등으로 노인 빈곤 또는 고독사 확산과 같은 새로운 사회 문제가 부각되어 결국 공동적인 해결 방안을 모색하게 되었다.

그림 1-14 연도별 국내의 코하우징 설립 사례

국내 코하우징(공동체주택)의 추진 현황을 정리하면 다음과 같다.

공동체주택의 개념 설정

- (외형) 커뮤니티 공간을 갖추고 독자적인 규약을 보유한다.
  ▶ 공동 거실·창고·부엌 등 공동 생활 시설, 육아방·회의실·

공부방 등 공동 목적 시설과 같은 공동체주택의 지향에 적합한 시설을 둔다.
▸ 공동 거주 목적, 준수 사항 등 공동체 생활 관련 거주자 간 합의된 규정을 만든다.
- (주체) 공공, 민간, 민관 협력 등 다양한 추진 주체가 있다.
▸ SH공사의 협동조합형, 민간의 자가·임대형, 민관 협력의 사회주택 등 다양한 추진 주체와 사업 방식을 포괄한다.
- (기능) 안정적이고 가격이 적정한 맞춤형 주거 제공, 공동체 복원, 육아·고령자 돌봄 등 생활 문제를 해결한다.

민간 중심의 다양한 공동체주택 운동(2011. 3. ~)
- 공유주택, 사회주택, 조합주택, 빈집 리모델링 등의 다양한 형식과 사회적 기업, 일반 기업, 공공기관, 협동조합 등 다양한 주체에 의해 시도되고 있다.

공동주택에 대한 정책 지원(2014. 7. ~)
- 서울시의 정책 토론회('14. 3. 31.) 등을 거쳐 2014년 7월부터

본격적인 정책 지원을 추진: 금융 및 부지 지원, 시범 사업, 제도 개선, 민간 기업·단체 간 소통 공간을 제공한다.
- 서울시 지원을 계기로 사회주택협회와 민·관 협력 추진: 민간 역량 강화, 정책 파트너십 구축, 교육·홍보·수요자 확대, 대안 모델 개발, 기금 확보 등 공동체주택 정착·확산의 주체로 성장할 것으로 기대한다.
- 시범 사업 추진: 3개소(마포구 서교동, 성북구 삼선동, 양천구 신월동)

《3》
코하우징의 종류

코하우징의 종류는 운영 방식, 주민의 입주 연령, 소유권의 세 가지 관점에서 분류할 수 있다.

3-1 운영 방식에 따른 분류
-서비스 모델과 자치 관리 모델

고전적 의미의 코하우징은 서비스 모델로서 1930년대 스웨덴에서 기능주의자들과 여성운동자들에 의해서 시작되었다. 이는 유급 노동시장에서 일하는 기혼 여성들에게 가정 내에서 수행해야 하는 가사 노동과 육아의 부담에서 벗어나 남성과 같이 휴식할 수 있는 환경을 제공해 줌으로써, 여성들도 남성들과 동등하게 노동력을 사회에 환

《 3 》코하우징의 종류

원시킬 수 있다는 양성평등의 이념을 바탕으로 한다. 이곳에서 주민들은 공동으로 유급 직원을 두고 취사, 청소, 정원 관리, 세탁 등의 일상적인 가사 노동은 물론, 육아에 이르기까지 모든 서비스를 제공받았다. 이러한 서비스 모델 코하우징은 여러 가지 사회적 변화 과정을 거쳐 1970년대 덴마크를 효시로 현대적인 자치 관리 모델 코하우징으로 변화되었다.

그림 1-15
남성들도 조리 작업에 참여하여 양성평등을 실현하는
자치 관리 모델의 코하우징 /스웨덴 예테보리 마이박켄 코하우징

자치 관리 모델 코하우징은 유급 직원을 두는 대신 주민들이 자발적으로 공동 활동에 참여하여 가사 노동을 분담함으로써 실질적으로는 생활비를 절약하고, 한편으로는 주민 간에 서로 잘 알고 지냄으로써 정서적 지원을 얻으며 남는 시간을 개인 생활의 질적 향상을 도모하는 데 사용하는 것을 목적으로 하고 있다. 현재 세계 각국에는 자국의 실정에 맞는 코하우징이 개발되어 특히, 스칸디나비아 네덜란드, 호주, 미국, 캐나다 등지에 많은 주택단지가 설립되었다.

3-2 주민의 입주 연령에 따른 분류
- 연령 통합형과 연령 분리형(시니어 코하우징)

코하우징은 원래 어린이로부터 노인에 이르는 다양한 연령층의 주민들로 이루어져 1인 가구에게는 가족 구성원이 있는 가정의 느낌을, 어린아이들에게는 대가족 제도하에서 사는 듯한 장점을 주는 것이 설립 목적 중의 하나이다. 그러므로 코하우징에는 입주 연령의 제한이 없다. 이를 연령 통합형 코하우징이라고 하고 대부분의 코하우징

《 3 》코하우징의 종류

은 여기에 속한다.

그러나 1990년대 이후에 덴마크와 스웨덴에서 처음 시작된 시니어 코하우징은 주민의 입주 연령을 일정 나이로 제한하는 유형으로 이웃들과 함께 자기가 살던 곳에서 나이 들며 살기_{aging-in-place}를 희망하는 중장년층 몇몇에 의해서 시작되었다. 시니어 코하우징의 건물 유형은 연령 통합형의 코하우징과 마찬가지이지만 한편으로는 노인주택에 속하기 때문에 고령자를 위한 유니버설 디자인이 반드시 계획에 포함된다.

시니어 코하우징의 입주 연령은 국가마다 약간의 차이는 있으나 일반적으로 부부 중 한 명이 55세 이상이면서 자녀와 동거하지 않는 부부나 독신 노인을 대상으로 한다. 따라서 일명 "+55 코하우징"이라고도 한다. 이 연령은 덴마크와 스웨덴에서 코하우징을 건설할 때 노인주택 지원금을 받을 수 있는 최소 연령에 맞춘 것으로, 네덜란드의 경우에는 50세 이상이다.

2000년대 이후에 스웨덴에서는 시니어 코하우징의 입주 연령을 점차 55세에서 40세 이상으로 낮추어 가는 경향이 등장했다. 일명 '+40 코하우징'이라 불리는 이러한 코하우징 형태의 출현은 아직 스

Part 1 코하우징 알아보기

웨덴만의 독특한 현상이다. 스웨덴에서 시니어 코하우징의 입주 연령을 55세에서 40세로 낮추려는 이유는 다음과 같다. 1990년대에 처음으로 시니어 코하우징이 설립된 이후 20여 년이 경과하면서 설립 당시에 입주한 주민들도 20년씩 함께 고령화됨으로써 공동체 전체의 활력이 줄어들었을 뿐 아니라 은퇴 이후에 외부 사회와의 연관성이 약화되어 사회적으로 고립되기 쉽다는 문제에 봉착하게 되었다. 이에 대한 대안으로 최소 입주 연령을 자녀와 동거하지 않는 40세 이상으로 낮

그림 1-16
모든 연령대의 주민들이 어울려 사는 연령 통합형 코하우징
/캐나다 랭리의 윈드송 코하우징

《 3 》 코하우징의 종류

춤으로써 아직 직장에서 일하고 있는 연령대의 주민들을 코하우징으로 영입하여 그들을 통해 외부 사회와의 보다 지속적인 연결을 도모하고 신선한 분위기를 가져오는 대신, 은퇴 후의 고령층은 여유 시간이나 유휴 인력을 활용하여 공동체 유지나 공동 활동 참여에 더 많은 시간을 투여함으로써 젊은 층의 가사 노동시간 절약에 도움을 주는 상호보완적인 장점을 활용하려는 취지이다.

그림 1-17
서울시 금천구청과 협업으로 설립된
공영 임대 시니어 코하우징 보린 주택

3-3 소유권 형태에 따른 분류
- 자가 소유형(분양형), 공영 임대형, 조합 소유형

자가 소유형은 주택 시장이 시장경제 체제를 기반으로 하는 북미 지역에서 일반적이고, 스칸디나비아 국가 중에서는 덴마크나 스웨덴과는 상이한 개발 배경을 가지고 있는 노르웨이에서 일반적이다. 자가 소유형의 코하우징에서는 주택의 소유권이 개인에게 있으므로 주택의 매입이나 매도가 개인의 권한에 속한다.

공영 임대형은 덴마크나 스웨덴과 같이 주거 복지가 발달된 국가에서 쉽게 찾아볼 수 있고 주로 지방정부가 관여하여 공영 임대주택으로 코하우징을 설립해 준다. 주민들은 저렴한 가격으로 주택을 임대하여 장기간 안정적으로 코하우징 공동체를 유지할 수 있다. 최근 스웨덴의 경우에는 임차자들이 주택조합을 구성하여 조합이 공영주택회사와 임대 계약을 맺고 아파트 블록 전체를 빌려서 희망하는 주민들에게 재임대하는 방식인 BiG 유형이 주류를 이루고 있다.

조합 소유형은 코하우징 조합이 건물을 소유하고 회원들에게 임대하는 방식이다. 조합 소유 방식은 자가 소유형의 코하우징에서 주

《 3 》코하우징의 종류

택과 공유 면적이 개인 재산화 됨으로써 개인의 권리 행사가 강화되어 오히려 공동체 운영에 어려움을 주는 단점을 보완하기 위한 것이다.

이상과 같이 코하우징의 종류를 검토해 보면 현대의 코하우징은 모두 자치 관리 모델이고, 코하우징의 주민들은 이웃 간의 사회적, 경제적 지원을 도모하는 코하우징 또는 계획 공동체intentional community의 이념에 동의하여 입주하였으므로 소유권의 형태는 실제로 코하우징의 생활에 큰 영향을 미치지 않는다. 단지 국가적인 법규의 차이 때문에 시장경제에 기반을 둔 북미 국가에서는 자가 소유형(분양형)이 많은 반면, 복지국가인 북유럽 국가에서는 공영 임대형 또는 조합 소유형이 많다는 차이가 있을 뿐이다.

국내에서는 2000년 이후 서울시를 위주로 저소득층 노인들이나 장애인, 예술가들을 위한 공영 임대형 코하우징이 개발된 이래, 최근에는 소득에 관계없이 중산층들이 스스로 모여 개발한 조합 소유형의 코하우징도 등장했다.

그러므로 코하우징의 생활에 있어서 보다 중요한 영향을 미치는 요인은 주민의 입주 연령이다. 어린이와 노인에 이르기까지 모든

Part 1 코하우징 알아보기

연령층이 함께 생활하는 연령 통합형 코하우징과 동거하는 자녀가 없는 55세(스웨덴의 경우 40세) 이상의 노후 세대만 거주하는 시니어 코하우징은 주민들의 요구가 확실히 다르고, 그러한 요구가 공동 활동의 프로그램과 커먼하우스의 용도, 디자인에 중요한 영향을 미치기 때문이다.

그림 1-18
육아 공동체를 중심으로 개발된 자가 소유형 삼송리 코하우징

Part 2

코하우징의 디자인

《 1 》 코하우징의 대지 계획
《 2 》 커먼하우스의 디자인
《 3 》 개인주택의 디자인

《1》
코하우징의 대지 계획

　　코하우징의 물리적 환경 디자인은 주민 간 공동체 의식을 강화하고 자발적인 공동 활동 참여를 촉진시키는 것을 기본 이념으로 삼는다. 따라서 주민 공동 생활공간을 단지 중심에 크게 배치하고, 개인주택은 최소한의 필요 공간만을 확보하도록 축소시키는 것이 보편적인 코하우징의 설계 방향이다.

　　코하우징의 대지 계획 site plan 은 보행자 도로를 중심으로 주택을 마주 보게 배치함으로써 이웃을 중요시하는 디자인을 많이 사용한다. 코하우징의 디자인은 코하우징의 유형이나 지역을 막론하고 모두 비슷한데 이는 코하우징이 기본적인 이념에 맞추어 설립된 계획 공동체 intentional community 이므로 그 이념을 충족시킬 수 있는 독특한 디자인을 하기 때문이다. 즉, 대부분의 코하우징 공동체는 간단한 부엌과 욕실이 딸린 몇 개의 작은 개인주택 private dwelling, 여유 있는 규모로 된

Part 2 코하우징의 디자인

1~2개의 커먼하우스common house와 기타 공유 공간shared space 으로 구성된다.

　　코하우징의 이념에 맞는 공간을 만들기 위해서는 건물을 새로 짓는 것이 효과적이지만, 신축 공사는 비용이 많이 들기 때문에 기존 건물을 개축하여 사용하는 경우도 많다. 예를 들어 미국의 캘리포니아에 위치한 엔 스트리트N Street 코하우징의 경우, 한 마을에 인접해 있는 기존의 13채의 단독주택을 그대로 이용하되 기존의 담을 헐어 상호 접근성을 확보하고, 한 집의 후면을 개조하여 커먼하우스로 이용하면서 시작되었다. 스웨덴 스톡홀름의 소켄스투간Sockenstugan은 1950년대에 건축된 2동의 아파트를 개조하고 아파트 사이에 커먼하우스만 신축하여 코하우징으로 만들었으며, 스웨덴 활룬Falun의 테르센Tersen은 지방정부에서 너싱홈을 폐쇄할 때 이를 조합에서 인수받아 개축한 코하우징이다.

　　코하우징 대지의 크기는 관리적인 입장에서만 적정 규모나 적정 주택 수를 맞추기는 어렵다. 그 이유는 건물의 유지 관리와 관련된 경제적 관점이 반드시 주민의 관점과 일치하지는 않기 때문이다. 즉

《1》코하우징의 대지 계획

관리의 입장에서는 단지 규모가 큰 것이 경제적으로 유리하지만 주민의 입장에서는 규모가 작을수록 친밀감이 증가하여 더 좋다. 경험에 의하면 코하우징의 주택 수는 15~49채 등 다양하지만 80명이 함께 사는 것은 너무 많고 6명이 함께 사는 것은 공동 생활을 수행하기에 너무 적다는 것이 관련 연구를 통하여 판명되었다. 따라서 주거 단지의 규모에 대해서는 다양한 의견이 있을 수 있으나 그룹의 아이덴티티 identity를 위해서는 보다 작은 그룹, 즉 20-30개의 주택에 40-50명 정도의 주민이 적정하다고 주장한다. 통계 자료에 의하면 덴마크 코하우징 단지의 경우, 주민 수는 12~46명, 주택 수는 5~44개로 대부분 소규모이다. 개인주택의 수는 덴마크의 경우 평균 17개 정도, 스웨덴의 경우 평균 41개 정도라서 스웨덴이 덴마크에 비하여 약 두 배 이상 규모가 크다. 그리고 각 주택당 1~2인의 주민이 거주한다고 가정한다면, 덴마크에 비하여 비교적 대규모라고 할 수 있는 스웨덴의 경우에도 단지별 최대 60명 이하의 주민으로 구성되는 소규모 단지라는 것을 알 수 있다. 대부분의 미국의 코하우징 단지는 20~40개의 주택으로 구성되고 최소 7개부터 최대 67개의 주택이 있어 약 100여 명의 주민이 살고 있다.

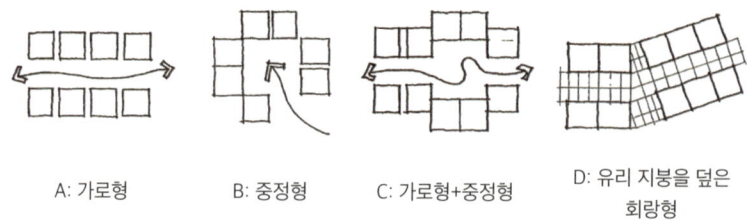

A: 가로형　　B: 중정형　　C: 가로형+중정형　　D: 유리 지붕을 덮은 회랑형

그림 2-1 주민의 사회적 접촉을 촉진하는 코하우징의 다양한 단지 계획의 예
자료 출처: McCamant & Durrett 1994

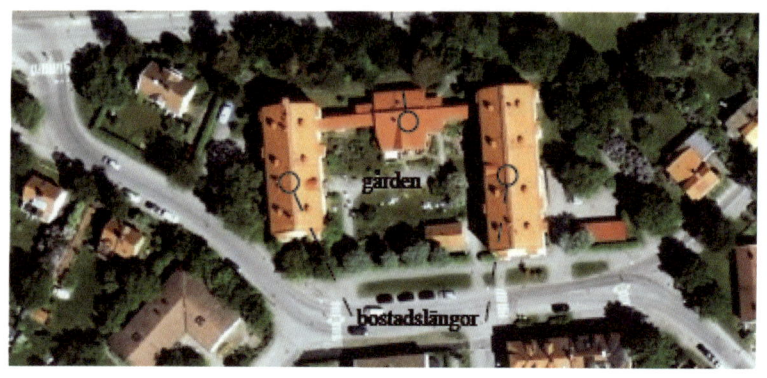

그림 2-2 1950년대에 지어진 아파트를 개조하여 설립한 스웨덴 스톡홀름의 소켄스투간 코하우징

　　코하우징에서는 물질주의적 사고방식이나 소유에 대한 이념을 덜 강조하는 경우가 많다. 건물을 서로 밀접하게 배치하고 공동 텃밭을 가꾸는 점 등은 전통적인 주거 단지에서 개별적인 정원과 주차장을 두고 프라이버시를 확보하기 위하여 이웃 간에 서로 얼굴을 마주치지 않도록 계획하는 것과는 대조적이다. 코하우징에서는 일반적으로 개인주택에서 먼 입구에 주차장을 모아서 배치하고 때로는 단지 내에서는 자동차를 전혀 사용하지 않는 공동체도 있다.

《 2 》
커먼하우스의 디자인

    코하우징의 디자인에 있어서 커먼하우스는 이웃끼리 공동 활동과 공동 식사를 함께 할 수 있는 핵심적인 요소이다. 대부분의 코하우징의 경우에 총면적의 15-20%가 커먼하우스로 할애된다. 커먼하우스의 디자인은 코하우징의 이념이 잘 반영될 수 있도록 가능하면 사람들이 함께하면서 togetherness 사회적 접촉을 증가시킬 수 있게 계획하는 것이 중요하다.

    커먼하우스에는 공동 거실, 공동 부엌, 식당, 어린이 놀이방, 오락실, 취미실, 세탁실, 손님방, 작업실 등의 다양한 시설들을 배치하여 주민 간의 사회적 관계를 촉진하고 개인주택 안에서는 보다 단순한 생활만 할 수 있도록 지원한다. 개인주택에도 물론 시설이 잘 갖추어진 부엌을 계획하기도 하지만 공동 식당에서 주민들이 스스로 조리한 저녁 식사를 함께 할 수 있으므로 커먼하우스에서의 공동 부엌과 식당의 중요성은 공동체 의식의 함양 측면에서 매우 높다. 공동 세탁실과 손님방은 제한된 개인주택의 공간을 절약하는 데 효과적이고 거실 겸 회의실은 주민 간의 상호 교류와 공동 활동을 지원하는 데 필요한 공간이다. 특히 손님방은 분가해서 사는 자녀들이나 손자녀 또는 친지가 방문했을 때 실비의 가격을 지불하고 자고 갈 수 있는 공간을 제공하므로, 소규모로 개인주택을 계획하는 코하우징에서는 매우 요긴하다.

코하우징에서 커먼하우스의 위치는 주민의 공동 활동 참여도를 최대화하도록 단지 중심이나 단지 입구에 배치하는 것이 일반적이다. 즉, 커먼하우스를 단지의 중심에 두고 그 주변을 단독주택이나 연립주택 유형의 개인주택이 둘러싸도록 배치함으로써 모든 주택으로부터 공평한 접근성을 가지도록 하는 경우가 많다. 만일 코하우징이 층 이하의 중·저층 아파트인 경우, 1층 입구의 한 아파트를 커먼하우스로 계획하면 누구나 자기 집에 드나들면서 쉽게 둘러볼 수 있어서 지나가다가 흥미로운 활동을 발견하면 특별한 계획 없이도 참여할 수 있을 것이다. 그러나 5층 이상의 고층 아파트의 경우에는 커먼하우스를 1층 입구에 두는 것보다는 중간층에 계획하여 저층이나 고층에 사

《 2 》커먼하우스의 디자인

는 주민 모두에게 공평한 접근성을 주는 것이 좋다. 후자의 방법은 특히 고층 아파트가 많은 우리나라의 경우에도 유용하게 적용될 수 있을 것으로 보인다.

커먼하우스의 규모는 공동체마다 차이가 큰데 이것은 주민들이 희망하는 공동 활동의 종류, 참여도와 관계가 있다. 즉 공동 활동의 종류가 많을수록 커먼하우스의 이용 빈도가 높아지고 이는 곧 커먼하우스의 크기에 직접적인 영향을 미친다. 코하우징에서의 생활은 주민 상호 간에 비슷한 기대 수준과 비슷한 공동 생활 참여가 없을 때에는 원활한 공동체를 이루기가 어렵다. 그러므로 공동 활동의 종류와 빈도나 커먼하우스의 크기 등은 주민들의 기대 수준에 부합되게 공동체마다 적절히 융통성을 가지는 것이 중요하다. 또한 주민의 속성이 변화해 감에 따라서 커먼하우스의 용도나 물리적 디자인의 변경이 큰 어려움 없이 가능하도록 초기 단계에서부터 융통성 있는 디자인 flexible design을 할 필요가 있다. 특히 접근성을 최대화하는 유니버설 디자인 universal design 설계는 초기 단계부터 이루어져야 한다.

Part 2 코하우징의 디자인

그림 2-3
단지 입구에 배치한 커먼하우스의 위치의 예 /덴마크 오덴세 크레아티브 시니어보 코하우징

그림 2-4
커먼하우스에 재봉실을 둔 코하우징
/덴마크 오덴세 크레아티브 시니어보 코하우징

그림 2-5
코하우징의 공동세탁실은 작은 개인주택의 공간 절약에 유용하다. /경기도 고양시 위스테이 별내

Part 2 코하우징의 디자인

《 3 》
개인주택의 디자인

코하우징 주민들의 사회적 접촉을 촉진하고 그들이 서로 더 잘 알게 만들기 위해서는, 개인주택private dewelling을 단독주택으로 짓는 것보다 저층의 연립주택이나 클러스터cluster 형태로 계획하는 것이 도움이 된다. 이러한 주택 유형은 또한 대지의 효율성을 높이는 데에도 유리하다. 개인주택 유형은 단독주택, 연립주택, 저층 아파트 등으로 다양한데 덴마크나 미국, 캐나다의 경우에는 단독주택 또는 1~2층의 연립주택 유형이 많은 반면, 스웨덴의 경우에는 4~5층 정도의 저층 아파트 유형이 많고 간혹 5층 이상의 고층 아파트도 있다. 전반적으로 단독주택 유형에 비하여 중·저층의 집합주택 유형이 많은 것은 중·저층의 집합주택이 단층 단독주택보다 대지의 효율성을 높일 수 있을 뿐만 아니라, 고밀도의 고층 아파트 유형보다는 주민들 사이에 서로 얼굴을 모르고 지낼 가능성이 적기 때문이다. 그러나 대지의 효율성을

《 3 》개인주택의 디자인

그림 2-6 고층 아파트로 구성된 코하우징 /경기도 고양시 위스테이 별내

좀 더 높이고자 하는 지역에서는 5층 이상의 중·고층 아파트로 개인주택을 계획하는 경우도 있는데 이것은 덴마크보다 스웨덴에서 더 일반적이다.

개인주택의 평면은 방 2~3개에 부엌이 있는 유형이 일반적인

Part 2 코하우징의 디자인

데 그중 2R+K(거실+침실+부엌) 유형이 가장 많다. 그러나 방은 최대 4개까지이고 그보다 큰 평면은 드물다. 개인주택을 소규모로 계획하는 이유는 코하우징에서 개인주택은 최소한의 프라이버시privacy를 보장하는 규모로 하고 나머지를 커먼하우스의 공간으로 할애하려는 디자인 기준 때문이다. 가구당 주택 면적은 최저 30㎡부터 최대 114㎡까지로 범위가 넓은데 이는 가족 수와 소유 형태에 따라 영향을 받는다. 스웨덴의 경우, 1인 가구용 공영 임대주택이 65㎡를 초과할 시 주택보조금을 받을 수 없다는 제한 규정이 있으나, 개인 소유인 경우에는 이러한 규제가 없기 때문에 일반적으로 공영 임대보다는 개인 소유 코하우징의 면적이 더 넓은 경향을 보인다.

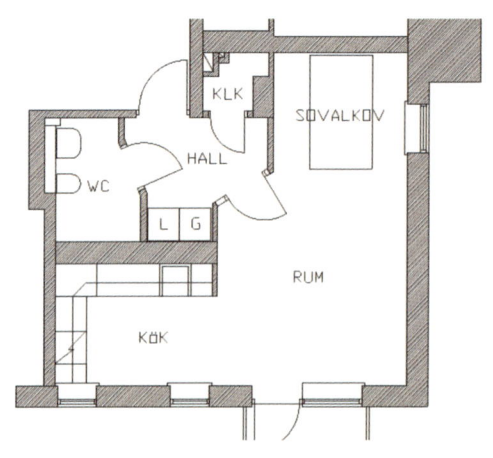

그림 2-7
콤펙트한 코하우징의 개인주택 평면도
/스웨덴 스톡홀름 소켄스투간 코하우징

《 3 》개인주택의 디자인

그림 2-8
최소한의 면적으로 계획한 개인주택 공간 /서울 강북구 오늘공동체

Part 3

코하우징의 생활

《 1 》공동 활동 프로그램
1-1 공동 취사와 공동 식사
1-2 공유 공간의 청소와 유지 관리
1-3 주민 회의 참석
1-4 공동 취미 활동
1-5 어린이 돌보기
1-6 공동 활동 그룹의 사례

《 2 》의사 결정 방법

《 3 》주민 간의 갈등 조절

《1》
공동 활동 프로그램

코하우징 내에서의 공동 활동 프로그램의 종류와 빈도는 코하우징의 설립 목적, 주민의 종류(연령), 주민의 수에 따라 크게 달라진다. 주민들의 소망과 이것을 실현하기 위한 다양한 가능성, 경제적, 물리적 조건, 공동 활동 참여도와도 관련이 있다. 주민들이 얼마나 서로 잘 알고 있는가, 공동 체재에서 함께하려고 하는 의지가 얼마나 많은지도 중요한 요소가 될 수 있다. 예를 들면, 주민들이 커먼하우스에서 함께 먹고 이야기하고, 물건을 서로 빌려 쓰고, 다른 사람이 가진 특별한 능력과 지식을 인정하고, 출퇴근 시에 차를 함께 나누어 타고, 아이들을 서로 돌봐주고, 휴일에 함께 여행하면서 주민 상호 간의 사회적 관계가 증진된다. 이러한 여러 가지 활동은 사회적인 면과 실제적인 면에서 모두 이익이 된다.

Part 3 코하우징의 생활

1-1 공동 취사와 공동 식사

주민들이 함께 조리하고 식사하는 공동 취사 및 공동 식사는 "코하우징의 꽃"이라고 불릴 정도로 중요하게 인식되는 공동 활동이다. 코하우징에서의 공동 식사는 비용과 시간을 절약시켜 주기 때문에 대부분의 사람들에게 절대적인 이익으로 여겨진다. 또한 매일같이 무엇을 사서 어떤 음식을 만들어 먹을까를 생각하는 일이나 식사 후 귀찮은 설거지를 해야 하는 일로부터 해방되는 것은 일상생활에 확실한 안도감을 줄 수 있다.

공동 취사는 일정 연령 이상의 성인 주민이면 누구나 정해진 순번대로 참여하는 의무 조항인 반면, 공동체에 따라서는 어린이들과 청소년들도 그들의 능력 한도에서 간단한 취사 활동에 참여시켜 공동체 의식을 함양시키는 경우도 많다. 취사 당번이라 하더라도 여럿이 함께 일하고 공동 부엌에는 대량 취사를 위한 편리한 시설을 갖추고 있기 때문에 대량의 식사 준비가 그다지 큰 부담은 되지 않으며 일반적으로 음식의 질은 만족스럽고 다양하다.

취사 작업에 참여하는 사람의 수는 성인 2~3명과 어린이 1~2명이 한 팀을 이루는 것이 일반적이다. 취사 당번은 가족별이 아니라 개인별로 구성되므로 조리 과정을 통하여 다른 주민들과 친근해질 수 있는 기회가 된다. 취사 당번은 메뉴 작성에서부터 식품 구입, 조리, 설거지 작업까지 책임지는 것을 원칙으로 하며, 주민의 수와 공동 식사의 빈도에 따라 다르지만, 일반적으로 50명 주민이 주 5일 공동 식사를 한다고 가정할 때 당번 순서는 4~5주에 한 번 꼴로 돌아온다. 공동 식사는 대부분의 경우 주말을 제외하고 주 5회 정도 할 수 있지만, 공동체에 따라 주 1~7회로 횟수 차이가 크다. 공동 식사의 빈도와 조직이 주민들이 얼마나 공동체로서 "협동"하는가를 표현해 준다고 할 수 있다.

취사 당번이 의무 활동인 반면, 공동 식사에 참여하는 것은 자발적인 선택 사항이다. 덴마크나 스웨덴의 경우, 성인 1인당 약 50크로나(한화 약 6,500원)의 식비를 현금이나 쿠폰으로 지불하고 이 돈으로 식품을 구입하는데, 이는 시중가보다 매우 저렴한 가격이다. 개인적인 손님이 오더라도 공동 식사에 예약하고 와인 한 병 정도만 준비해 가면 되므로 매우 간편하다. 코하우징에 따라서는 공동체에 거주하는 주민들뿐만 아니라 외부에 거주하는 조합의 회원들에게도 희망

Part 3 코하우징의 생활

에 따라 공동 취사와 공동 식사에 참여하는 것을 허락하기도 한다.

그림 3-1
어린이를 포함한 주민 모두가 참여하는 공동 취사 활동은
가사 노동을 간소화하고 공동체 정신을 함양시킨다. /덴마크 트루데스룬트 코하우징

《1》공동 활동 프로그램

1-2 공유 공간의 청소와 유지 관리

공동 생활 시설의 청소와 관리는 의무적으로 순서에 따라 참여해야 하는 공동 활동이다. 건물의 수선이나 변경, 새 공간을 만드는 일은 일반적으로 월 1회 정도 작업일을 따로 정하여 수행한다. 캐나다의 윈드송에서는 월 3회 의무적으로 공동 청소를 하는데 만일 개인적인 사정이 있어서 참여하지 못하는 사람은 일정 금액을 지불하도록 하는 방법을 사용하여 시간적으로 제한이 있는 사람들의 부담을 덜어주고 주민 간의 형평성도 유지한다.

최근 스웨덴의 코하우징에서는 잠재적인 임차자들이 주택조합을 구성하여 이 주택조합과 공영 임대주택 회사가 임대 계약을 맺은 후 개인 임차자에게 재임대하는 BiG 방식이 흔히 채용된다. 이러한 공영 임대 코하우징에서는 주택 회사의 업무인 공동 공간의 청소를 주민들이 대신 수행함으로써 그 비용을 주택 회사로부터 환불받기 때문에 공동 청소와 유지 관리 활동은 주민 간의 사회적 교류는 물론, 임대료 절감 효과까지도 준다. 어떤 코하우징에서는 물품 구매나 채소를 재배하는 일에 공동으로 참여하기도 하고, 부가적으로 공동으로 운영하는 식품점이 있어서 외부에 나가지 않고도 주택 내에서 간단한 식품을 살 수 있는 경우도 있다.

1-3 주민 회의 참석

대부분의 코하우징 내에는 공식적으로는 전통적인 방식에 의해 형성된 주민조합과 주민 회의의 조직이 있다. 코하우징에서는 매년 연례 회의를 열고 연간 활동과 예산을 투표로 결정하고 위원회의 위원을 선출하지만, 실질적으로는 매달 열리는 주민 회의에서 민주적 방식에 따라 공동체의 일을 결정한다. 조직 내에는 다양한 활동을 수행하기 위한 여러 개의 작업 그룹과 위원회가 있어서 주민들이 자발적으로 관심 있는 분야에 참가하여 공동체의 운영에 참여한다.

조합의 회의는 1년에 한 번 열리는 연례 총회와 매달 열리는 정기 회의가 있다. 그 외에도 회원들이 요구하거나 이사회에서 필요하다고 결정할 때에는 특별 연례 총회나 정기 회의를 추가로 소집할 수 있다. 이러한 회의에 참석하는 것은 모든 주민의 의무 사항이고 누구나

《 1 》공동 활동 프로그램

회의에서 자기의 의견을 발표하고 투표할 권리를 가진다. 의사 결정은 만장일치제 또는 2/3 이상의 찬성 또는 과반수 찬성 등으로 공동체마다 다양하다.

회의 참석이 어려운 회원들을 위해서는 투표권자가 서명한 위임장에 의한 대리인의 참석을 인정하고 대리인은 회의에서 회원과 동등한 권리와 의무 조항을 수행할 수 있다. 또한 대부분의 공동체에서는 회원이 직접 회의 장소에 참석하기 어려울 경우, 전자 통신에 의한 회의 참석을 인정하여 가능한 한 모든 회원이 공동체의 논의 사항을 알고 의사 결정에 참여하도록 노력한다. 전자 통신에 의한 참여는 전화 또는 기타 전자 매체를 통하여 주민이 회의에서 진행되는 내용을 듣고 자기의 의견을 발언할 수 있으므로 회의 참석으로 인정한다.

1-4 공동 취미 활동

공동 취미 활동 프로그램은 코하우징 주민들의 인구학적 특성에 따라 매우 광범위하고, 공동체의 생활을 보다 즐겁게 하고 주민 간

Part 3 코하우징의 생활

의 사회적, 정서적 교류를 도모하며 공동 생활의 질을 향상시키는 데 기여한다.

취미 활동의 프로그램은 음악, 영화, 연극, 춤, 독서, 수공예, 정원 가꾸기, 여행, 영화, 미술, 운동 등으로 매우 다양하고 모든 취미 활동은 희망하는 회원들만 참여하는 선택 사항이다. 그러나 운영 위원회에서는 주민들이 자기가 가진 취미와 능력에 따라 골고루 한 개 이상의 취미 그룹에 참여하여 활동하기를 권장한다.

그림 3-2
주민들의 취미 활동 모임 / 스웨덴 예테보리 마이바켄 코하우징

(1) 공동 활동 프로그램

1-5 어린이 돌보기

어린이를 동반한 가족이 많은 연령 통합형 코하우징에서는 어린이를 돌보는 일이 단연 가장 중요한 공동 활동이다. 시간에 쫓기는 대부분의 맞벌이 부부들은 주민 사이의 상호 지원을 통하여 어린이 양육의 부담을 줄일 수 있다. 어린이를 가진 부모들은 자체적으로 부모클럽을 구성하여 어린이 양육을 위한 안전한 옥내·외 놀이터, 차 없는 단지 등의 환경을 조성하고 다양한 교육 프로그램도 운영한다. 어떤 코하우징의 경우에는 부모가 안심하고 회의에 참석할 수 있도록 부모클럽에서 회의 중에 어린이를 맡아서 돌봐주는 활동도 수행한다.

자녀가 외동이거나 한두 명뿐인 핵가족, 또는 이혼이나 별거 등으로 직업에 종사하면서 혼자서 아동을 양육해야 하는 한부모에게도 자기의 아이들이 많은 또래 친구들과 어울려 살면서 안전한 환경에서 성장할 수 있다는 점은 코하우징이 가진 가장 중요한 장점 중의 하나로 간주된다. 어린이 돌보기 그룹에서는 다양한 연령층이 어울려 사는 대가족제도의 장점을 취하고 어린이들에게 가족의 중요성, 세대 간 교류와 이해를 돕는 교육을 하기도 한다.

Part 3 코하우징의 생활

외국에서는 코하우징에서 자란 어린이들이 성장하여 성인이 된 후, 자신들의 유년기를 좋은 추억으로 기억하고 자신의 아이들에게도 성장에 유리한 환경을 제공하기 위하여 다시 코하우징으로 돌아오는 사례도 많다.

그림 3-3
부모가 모두 참여하는 코하우징의 어린이 돌보기 활동 /스웨덴 말뫼 소피룬즈 코하우징

《1》공동 활동 프로그램

1-6 공동 활동 그룹의 사례

　외국의 코하우징에서 운영되는 공동 활동 그룹(팀)의 사례를 알아보면 다음과 같다. 스웨덴의 트레포르타 코하우징에는 정보 그룹과 환영 그룹 등이 있고, 마이바켄 시니어 코하우징에는 취사팀, 게스트룸 관리팀, 정원 관리팀, 인테리어 디자인팀, 회원 관리팀, 주택 관리팀, 문화 활동팀 등이 조직되어 있다. 소켄스투간 시니어 코하우징에는 취사 그룹, 정원 관리 그룹, 조경 디자인 그룹 등이 활동하고 있다.
　미국의 윈슬로 코하우징에는 행정팀, 입주와 커뮤니케이션, 정원팀, 건물 유지 관리팀, 커먼하우스팀 등이 있고, 콜로비아 에코빌리지에는 행정팀, 유지 관리팀, 서기팀, 프로세스팀, 어린이팀, 커먼하우스 실내 장식팀, 코디네이션팀, 음식팀, 재정팀, 조경팀, 회원팀, 참여팀, 토지 사용팀, 그린 관계팀, 행사팀, 건설팀, 사회 생활팀 등의 많은 공동 활동 그룹들이 있다.
　덴마크의 랑에엥 코하우징에는 어린이들이 많으므로 부모 클럽 등이 활성화되었다.

국내의 위스테이 별내의 경우에는 다음과 같은 공동체 활동이 이루어지고 있다. 위스테이 별내에는 현재 25개가 넘는 다양한 동아리가 활동 중이며 총 252명이 참여하고 있다. 각 동아리는 자체적으로 생성, 운영되고 있다. 동아리는 등록제로 하고 등록한 동아리를 우선으로 하여 공간 사용 우선제를 실시하고 있다. 이를 통하여 공동체의 동아리 활동을 장려하고 있다.

한 사례로는 '고기 모임 동아리'가 있다. 처음에는 동아리장이 고기를 너무 좋아해서 취미로 시작한 것이었지만, 동아리가 잘 활성화되어 결국 동아리장이 근처에 고기 식당을 개업했다고 한다.

또한 '100개의 학교'라는 동아리도 있는데, 이 모임은 마을 안에서 배움 학교를 주최하고 주민들의 능력을 공유하여 강사로 활동하기도 하고 배우는 학생으로 참여하기도 하는 등, 각자가 가진 전문 능력이나 아마추어로서 능력을 펼친다. 수강자는 공동체 내뷰인 뿐만 아니라 외부 사람도 가능하다.

'돌봄 공동체'는 돌봄위원회가 주체가 되어 수행하는 활동으로 돌봄의 대상자는 마을의 아이들을 우선으로 한다. 나중에 이 모임은 '방과 후 돌봄 교실'이라는 다른 사회적 기업의 모델로 확장되었다.

(1) 공동 활동 프로그램

'배민'은 배드민턴을 하는 아이들의 모임이고, '모야'는 아이들의 상상력을 실현할 수 있는 어린이 작업실로, 도서관 한 공간을 제공하여 어른들의 출입 금지 구역으로 지정하고 아이들만 사용할 수 있게 하였다. 이 공간에서는 책만 읽는 것이 아니라 어린이들이 공구를 가지고 원하는 것을 만들기도 한다.

시니어 활동으로는 60세 이상 어르신들이 대상이며 '행복 협동조합'을 만들어 운영 중이다. 이 모임에서는 어르신 일자리 창출 사업, 마을의 청소 미화를 담당하는 활동을 하고 있다.

《2》 의사 결정 방법

코하우징에서는 청소, 건물의 유지 관리에서부터 안전, 비용, 사교 모임에 이르기까지 모든 사안에 관해서 주민들이 공동으로 결정한다. 이러한 결정 사안에 대해서 대부분의 코하우징에서는 다수결보다 만장일치 방식을 사용한다. 만장일치는 다수결로 결정된 사안에 소수 그룹이 느끼게 될 좌절감과 불만을 방지하고자 하는 모델이다. 일반적으로 만장일치식 의사 결정 방식은 다수결 방식보다 시간이 많이 걸리지만 코하우징 주민들은 그 과정에 가치를 둔다. 만장일치로 의견이 모아지지 않는 경우에는 그 사안의 결정을 연기하여 집에 가서도 다시 생각할 시간을 가지고 다시 의결에 부친다. 그러면 생각하는 동안 마음이 바뀔 수도 있고 더 나은 대안이 나올 수도 있기 때문이다. 이러한 과정은 안건을 한 번에 부결로 처리하지 않고 다른 사람들의 의견을 듣는 동안 주민들이 각기 다른 견해의 가치를 알게 되고 주민

간의 연결을 더욱 강화시켜 준다. 이러한 과정은 모든 회원이 참여할 때 더욱 의미 있으며, 공동체 전체에 이익이 되는 현명한 의사 결정을 하는 데도 유리하다. 따라서 코하우징 생활에서 주민들은 반드시 주민회의에 참석하여 현명한 의사 결정을 하는 데 도움을 주어야 한다. 만장일치로 결정되는 의사 결정 방법은 자기들이 결정한 사안에 대하여 모든 회원들이 동등한 정보를 공유할 수 있게 만들며, 책임감을 가지도록 해준다.

Part 3 코하우징의 생활

《3》
주민 간의 갈등 조절

　　사람들이 공동으로 모여 산다는 것은 항상 이상과 일치하지는 않는다. 공동체 생활의 가장 중요한 점은 기존의 지역사회와는 다른 종류의 커뮤니티를 재창조하는 것이다. 사람들이 공동으로 살면서 갈등이 생기는 경우는 허다하다. 코하우징에서 경험하는 가장 큰 강점은 "다른 사람이 다른 의견을 가질 수 있다"라는 불일치를 받아들이는 것이다. 대부분의 코하우징에서 다수결보다는 만장일치제의 의사 결정 방법을 사용하는 이유도 상정되는 사안에 대한 참여 의식을 부여하면서, 최대한 많은 주민들의 만족을 끌어내기 위한 것이다.

　　어떤 코하우징에서는 주민 사이에 매우 심각한 사안이 생기면 갈등 해소 팀을 따로 소집하기도 한다. 대부분의 코하우징 주민들은 협동과 협조적인 환경을 추구할 의지를 가지고 있기 때문에 의견의 불일치는 모두가 만족할 수 있는 결과로 끝나는 경우가 많다. 코하우징

《 3 》주민 간의 갈등 조절

주민들의 공동 목표는 이웃들과 협동해서 살면서 자신들의 삶을 보다 즐겁게 영위하는 것이기 때문이다.

🖋 캐나다의 코하우징 협회에서 권장하는 갈등 해소의 지침*

1) 우선 문제를 가진 당사자들끼리 직접 접촉함으로써 문제를 풀어보려는 좋은 신념을 유지하기 위해 노력하라.
2) 만일 당사자들이 직접적으로 소통해도 문제를 풀지 못한다면 다른 회원에게 중재하여 문제를 풀어주도록 도움을 청할 수 있다. 커뮤니케이션 팀은 중재를 맡을 수 있는 회원의 리스트를 보유한다. 중재인은 자기가 관여하는 갈등의 상세한 내용에 대해 비밀을 유지한다. 어떻게 중재하는가에 대한 실질적 지침, 예를 들면 회의의 횟수, 서면 동의서의 사용, 후속 회의 등의 지침에 대한 공식적인 정책은 없다. 갈등 중재에 자원해서 나서는 사람은 갈등을 해소시킬 수 있는 효율적이고 구조적인 계획을 세울 수 있는 능력이 있어야 한다.
3) 만일 공동체 내의 중재자에 의해서 갈등이 해소되지 않을 경우에

---

* 출처: www.cohousing.ca

는 갈등에 처한 당사자들이 직접 지역 전문가에게 중재를 의뢰하고 비용은 당사자들이 지불하기를 권장한다. 위원회에서는 유사한 내용의 갈등 해소에 익숙한 외부 중재자의 명단을 구비하고 통상적인 범위 내에서 비용을 청구한다.

위스테이 별내의 갈등 관리 방법

위스테이 별내에는 20명의 마을 활동가가 있고 이들이 소통가로 활동한다. 예를 들면 층간 소음, 갈등, 반려견 문제, 라인 반상회 등을 주최한다. 그리고 마을 주민 간 소통 상담도 하고 있다.

마을에는 "존중의 약속"이라는 선언문이 있는데 이를 입주 시 주민 교육에 실시하고 있고 엘리베이터에 공고 게시하고 있으며, 이는 공동체의 모든 주민들이 함께 지킬 약속이므로 서로 알고 지키도록 한다.

Part 4

국내 코하우징의 도입

《 1 》 국내 코하우징 보급을 위한
주거 정책 지원과 사업

1-1 서울시 공동체주택 공급 정책 및 지원 조례
1-2 공동체주택 공급 및 운영을 지원하는 지원 허브 '집집마당'
1-3 공동체주택 마을 '도서당'의 조성 사업

《 2 》 국내 코하우징의 유형

《1》 국내 코하우징 보급을 위한 주거 정책 지원과 사업

1-1 서울시 공동체주택 공급 정책 및 지원 조례

2015년 '더 나은 삶 지수'를 보면, 우리나라 사회적 연결망의 질은 OECD 36개 국가 중 최하위인 36위를 기록하였으며, 이로 인해 주거 정책 분야에서도 개인 삶의 질에 새로운 대안을 모색하게 되었다. 서울시의 경우, 2001년 23.9%에 불과했던 1인 가구의 비율이 2019년 33.4%, 2035년에는 68%까지 증가할 것으로 예상됨에 따라 1인 가구를 위한 주거 정책이 중요하게 부각되었다. 또한 주거비 상승, 육아, 고령자 돌봄 등 다양한 사회적 문제가 개인 부담으로 전가되어 삶의 질 저하로 연결될 것으로 보고, 새로운 주거를 통해 이러한 문제를 해소할 수 있는 새로운 대안의 모색이 필요하게 되었다.

Part 4 국내 코하우징의 도입

　　서울시의 경우, 주거비 부담이 높아지면서 경제적 기반이 취약한 20~30대를 중심으로 경기도로의 인구 유출 현상이 가시화되었고, 주거 문제는 젊은 층에게 결혼, 출산, 육아로 이어지는 삶의 선택에도 영향을 주게 되었다. 고령자 가구도 고립감, 삶의 활력 저하, 위기 상황 대응 능력의 부족 등의 문제를 가지고 있어서 세대별, 가구별 특성에 따라 당면한 문제가 다양하다.

　　해체된 공동체로 인해 주거를 포함한 다양한 사회문제가 개인이 책임져야 하는 문제로 간주되어 개개인들의 삶을 압박하고 있다면, 공동체를 형성하여 같이 풀어갈 수 있는 방법이 없을까? '서울시 공동체주택'은 바로 이 질문에 대한 대안으로서 시작되었다. 유럽의 코하우징 사례를 통해 얻은 교훈은 새로운 형태의 주택 모델을 기획하게 된 배경이 되었으며, 비슷한 가치, 철학을 가진 이웃들이 함께 살면서 공동의 문제들을 하나씩 함께 풀어나가기 위한 새로운 주택 모델인 '공동체주택' 정책은 2014년도에 시작되었으며, 공급 활성화 정책 과제는 2016년도부터 본격화되었다.

　　서울시는 2017년 7월 13일에 「서울특별시 공동체주택 활성화 지원 등에 관한 조례」를 제정하고, 이웃과 함께 살아가는 공동체 주거

《1》국내 코하우징 보급을 위한 주거 정책 지원과 사업

문화 확산을 위하여 공동체주택의 활성화 지원 및 운영을 가시화하였다. 이 조례에 따르면, '공동체주택'이란 입주자들이 공동체 공간과 공동체 규약을 갖추고 입주자 간 공동 관심사를 상시적으로 해결하여 공동체 활동을 생활화하는 주택으로 정의하고 있다. 이것은 유럽과 미국에서 코하우징Cohousing 으로 명명하는 주택과 같은 개념이다.

또한, 공동체주택의 유형을 임대형 공동체주택과 자가 소유형 공동체주택으로 나누고, 임대형 공동체주택은 공영 임대형, 민관 협력 임대형, 민간 임대형의 세 가지로 구분하여 제시하고 있다.

서울시 공동체주택처럼 소규모 공동체주택의 공동체 공간 조성과 관련된 기준은 상위 법령에 정한 기준에 해당하지 않기 때문에 별도의 조례를 통해 마련되어 있다. 공동체 공간은 입주자들이 공동으로 사용하고 관리하는 공간으로 입주자 교류 및 이웃 관계 촉진을 통해 공동체 문화가 형성되는 기반이 되는 공간이다. 공동체 공간은 「주택법」과 「주택 건설 기준 등에 관한 규정」에서 복리 시설과 주민 공동 시설로 구분하여 제시되고 있다. 하지만 「건축법」에 의해 건설되는 소규모 공동체주택의 경우, 공동체 공간의 설치 기준 관련법 규정이 없

표 4-1 서울시 공동체주택 유형

구분	공공 임대형	민관 협력형 (토지임대부)	민간 임대형	자가 소유형
사업 대상	다가구·다세대, 도시형 생활 주택	다가구·다세대, 도시형 생활 주택, 공동주택(아파트)	다가구·다세대, 도시형 생활 주택, 공동주택(아파트)	다가구·다세대, 도시형 생활 주택, 공동주택(아파트)
사업 주체	서울시 및 SH공사	건설, 주택 관련 등록 사업자		협동조합 및 5가구 이상 개인
		※ 서울시 공동체주택 예비 인증 사전 필수 교육 이수 필수(SH공사 주최)		
지원 내용	- 주택 매입 - 커뮤니티 지원 (공동체 코디네이터 파견)	- 공공 토지 장기 임대 - 컨설팅·커뮤니티 지원 - 대출 및 이자 지원	- 컨설팅·커뮤니티 지원 - 대출 및 이자 지원	- 컨설팅·커뮤니티 지원 - 대출 및 이자 지원
		- 건설 자금 조달 지원: 총 사업비의 90% 이하 (대출일 익월부터 준공 후 최대 8년 시점까지, 단 자가 소유형은 최대 10개월 시점까지) - 이차 보전: 최대 연 2.0%(최대 8년, 단, 민관 협력형은 준공시까지)		
		주차장 기준 완화(도시형 생활 주택 원룸형만 해당)		
사업 기간	-	최대 40년 (30+10년) 이차 보전 준공 후 8년, 모니터링 10년	10년 이차 보전 8년, 모니터링 10년	2년 이차 보전 2년, 모니터링 10년
입주 자격	도시 근로자 월평균 소득 50% 또는 70%	무주택자	제한 없음	무주택자
임대료	시세 80% 이하	시세 95% 이하	시세 95% 이하	시세 95% 이하
거주 기간	최장 20년	최장 40년	제한 없음	제한 없음

출처: 서울시 공공체주택 플랫폼(2025. 02. 기준), SH공사 내부 자료

(1) 국내 코하우징 보급을 위한 주거 정책 지원과 사업

어서 대부분 근린생활시설로 허가를 받고 있다.

「서울특별시 공동체주택 활성화 지원 등에 관한 조례」 제2장에 의하면, 시장 등은 공동체주택 활성화를 위한 지원을 하도록 제시하고 있다. 시장은 공동체주택 주거 문화 확산과 효율적 지원을 도모하기 위하여 서울특별시 공동체주택 활성화 기본 계획을 5년 단위로 수립하도록 하고 있는데, 기본 계획에는 다음의 사항을 포함하도록 하고 있다. 즉, 공동체주택 주거 문화 확산 및 지원 정책의 방향, 추진 방안 및 지원 체계, 공동체주택 지원 센터의 설치 및 운영 방안, 민·관 협력 체계 구성 및 운영, 공동체주택 공급 택지의 발굴 및 현황, 그 밖에 공동체주택 주거 문화 확산 및 지원에 필요한 사항이 그것이다. 공동체주택 활성화를 위해 예산 범위 내에서 지원할 수 있는 사항으로는 공동체주택 건설 택지의 임대, 공동체주택의 관리·위탁, 공동체주택 건설·매입 또는 리모델링 비용의 융자 또는 보조, 공동체 활성화 프로그램 운영비 및 인력 지원, 건설 관련 택지 정보와 입주민들의 공동체 프로그램 등에 대한 정보 제공 등이 있다.

서울시 공동체주택은 조례를 근거로 하여 서울형 공동체주택

Part 4 국내 코하우징의 도입

인증 기준을 제시하고 있다. 인증제를 통과한 사업자를 대상으로 융자 지원을 하고 있는데, 인증제 절차는 대지 계약, 예비 인증, 건축 허가, 보증 심사, 대출 심사, 준공 사용 승인, 본 인증, 모니터링 순으로 진행하게 된다.

서울특별시 공동체주택 활성화 지원 등에 관한 조례
[서울특별시조례 제6598호, 2017. 7. 13., 제정]

제1장 총칙
제1조(목적) 이 조례는 이웃과 함께 살아가는 공동체 주거 문화 확산을 위하여 공동체주택의 활성화 지원 및 운영 등에 관한 사항을 정함을 목적으로 한다.
제2조(정의) 이 조례에서 사용하는 용어의 뜻은 다음과 같다.
1. "공동체주택"이란 「주택법」 제2조에 따른 주택 및 준주택으로서 입주자들이 공동체공간과 공동체규약을 갖추고, 입주자간 공동 관심사를 상시적으로 해결하여 공동체 활동을 생활화하는 주택을 말한다.
2. "공동체공간"이란 입주자들이 회의실, 육아방, 공부방, 공동작업장 등으로 활용하는 공간으로 공동체주택 취지에 부합하는 공동목적 시설을 말한다.
3. "공동체규약"이란 공동체주택의 입주자들이 공동체 생활 및 주택 관리 관련 준수사항 등을 합의하여 정한 규약을 말한다.
4. "공동체주택사업 주체(이하 "사업 주체"라 한다)"란 공동체주택을 건설 또는 리모델링하여 임대·분양하는 다음 각 목의 사업자를 말한다.
    가. 「민법」에 따른 비영리법인과 영리법인
    나. 「공익법인의 설립·운영에 관한 법률」에 따른 공익법인

《1》국내 코하우징 보급을 위한 주거 정책 지원과 사업

　　다. 「협동조합 기본법」에 따른 협동조합, 협동조합 연합회, 사회적 협동조합, 사회적 협동조합 연합회
　　라. 「사회적기업 육성법」에 따른 사회적기업
　　마. 그 밖에 공동체주택의 분양 또는 자가 소유를 목적으로 하는 사업자
제3조(공동체주택의 유형) 공동체주택의 유형은 다음 각 호와 같다.
1. 임대형 공동체주택
　　가. 공공 임대형 공동체주택: 서울특별시장(이하 "시장"이라 한다) 또는 서울주택도시공사사장(이하 "사장"이라 한다)이 건설 또는 리모델링하여 임대하는 공동체주택
　　나. 민관 협력 임대형 공동체주택: 사업 주체가 시장 또는 사장(이하 "시장 등"이라 한다)으로부터 토지·건물 임차 등의 지원을 받아 건설 또는 리모델링하여 임대하는 공동체주택
　　다. 민간 임대형 공동체주택: 사업 주체가 건설 또는 리모델링하여 임대하는 공동체주택
2. 자가 소유형 공동체주택: 사업 주체가 공동체주택을 입주자에게 분양하거나, 입주자가 공동체주택을 건설·매입 또는 리모델링하여 소유하는 주택
(이하 생략)

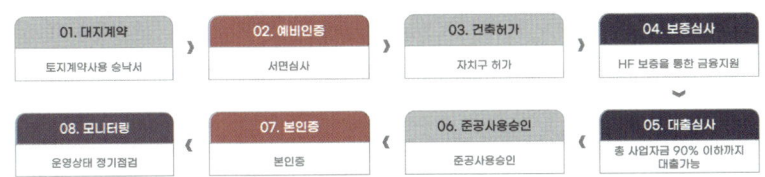

그림 4-1 서울형 공동체주택 인증제 진행 절차
출처: 서울시 공동체주택 플랫폼 soco.seoul.go.kr

1-2 공동체주택 공급 및 운영을 지원하는 지원 허브 '집집마당'

조례를 근거로 하여 서울시에서는 2020년도에 '집집마당'이라고 불리는 공동체주택 지원 센터 즉, 지원 허브를 중랑구 면목동에 개소하였다. 공모 사업을 통해 당선된 설계안에 따라 지상 3층(210㎡)으로 조성된 지원 허브는 배리어 프리(BF) 인증 대상은 아니더라도 장애인들이 쉽게 접근할 수 있도록 바닥 안내판을 설치할 것, 휠체어와 유모차가 자유롭게 드나들 수 있도록 엘리베이터를 설치할 것, 휠체어를 타고도 사용이 편리할 수 있도록 화장실 면적을 확대할 것 등 이용자의 편의를 높이는 방향으로 구축되었다.

지원 허브에서는 공동체주택 건축 및 컨설팅, 금융, 커뮤니티 지원, 아카데미 개설, 공동체주택 홍보 및 플랫폼 운영 등을 통해 공동체주택 확산을 위한 지원 역할을 하고 있다. 또한, 공동체 주택 강의와 상담뿐만 아니라 원데이 클래스 운영, 회의실 대여, 1층 라운지 등을 지역 주민에게도 개방함으로써 지역 주민 간의 소통을 위한 공간으로도 활용하고 있다.

그림 4-2 서울시 공동주택 지원 허브 '집집마당' 외관

* 출처: 서울시 공동체주택 플랫폼

Part 4 국내 코하우징의 도입

상담과 컨설팅은 사업자 및 공동체주택에 관심이 있는 시민을 대상으로 기초 및 심화 상담, 전문 분야 컨설팅, 멘토링 제도로 운영되고 있으며, 기초·심화 아카데미를 통해 공동체주택을 지을 때 알아두어야 할 건축, 주택 금융, 관리 운영, 공동체 프로그램 등을 다양하게 소개하고 있다. 또한, 서울시 공동체주택 인증을 받기 위한 사전 필수 교육도 운영한다. 집집마당에서는 홈페이지와 SNS를 통한 온라인

그림 4-3
공동체주택 탐방 프로그램

채널을 통해 공동체주택 정보를 홍보하고 있으며, 공동체주택 방문 등 행사 운영을 통해 공동체주택을 널리 알리는 역할을 하고 있다.

공동체주택 플랫폼인 '집집마당'은 공동체주택의 설립을 위한 다양한 지원 사업과 정보를 제공하기도 하는데, 공동체주택 활성화 지원 사업 및 입주자 관계 형성 지원 사업을 통해 공동체주택의 취지에 맞도록 입주자 간의 소통 문화를 유도하는 사업도 추진한다.

민간 임대형이나 자가 소유형(주택조합형) 공동체주택의 경우, 공동체주택 지원 허브에서 제공하는 프로그램 정보 및 교육 과정을 이수한 후 민간 임대 사업자가 되거나 주민들 스스로 주택 설립을 진행한다. 반면, 공영 임대형 공동체주택의 경우, SH공사에서 입주 초기에 공동체 코디네이터 파견을 통해 공동체 규약 제정 및 공동체 활동 등 입주자의 자치 관리를 위한 지원을 하고 있다. 즉, 공급 방식에 따라 공동체 활성화 촉진을 위한 지원 방식은 조금씩 다르게 운영되고 있음을 알 수 있다.

Part 4 국내 코하우징의 도입

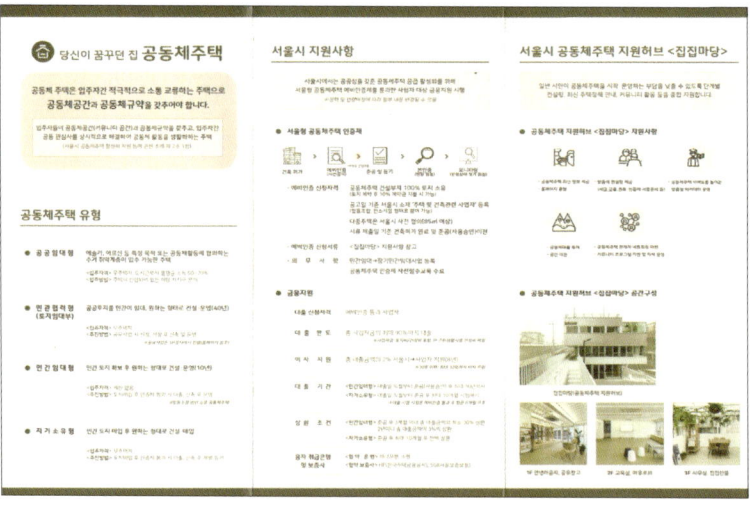

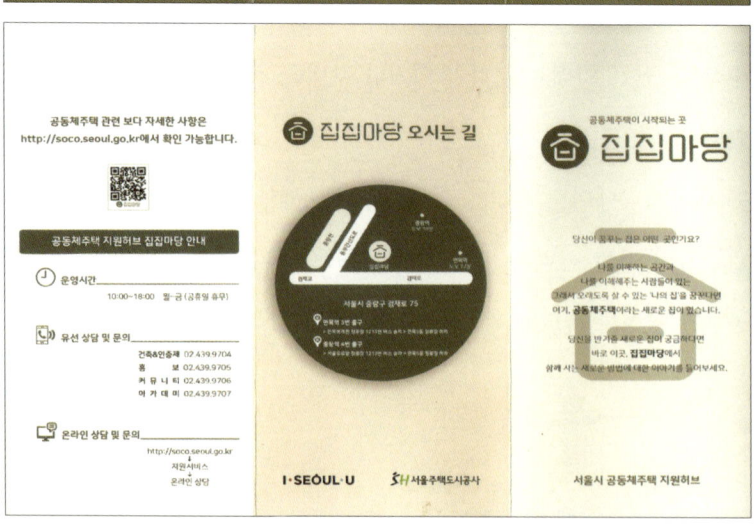

그림 4-4 서울시 공동체주택 지원 허브 '집집마당' 안내 자료

1-3 공동체주택 마을 '도서당'의 조성 사업

　　서울시에서는 국내 최초로 공동체주택 마을 조성을 추진하였다. 중랑구 면목동 겸재로 주변 공사 후 남은 필지를 활용하였는데, 사업은 토지임대부를 통한 민관 협력 방식으로 추진되었다. 면목동 공동체주택 마을 기본 계획 수립 후 공모 사업을 통해 주택 건축 및 통합 운영 주체를 선정하였으며, 2020년에 7개의 공동체주택을 공동체주택 지원 허브인 '집집마당' 주변에 건축하였다.

　　서울시는 공동체 마을 조성을 위해 사업 대상지 구간에 대한 관할 구청과의 협의 등 행정 지원을 하였으며, 서울형 공동체주택 예비 인증 과정을 거쳐 금융 지원 및 토지 임대 제도 개선을 추진하여 사업자의 금융 부담을 완화하고, 전문가 자문단 구성을 통해 사업 단계별로 컨설팅을 지원하기도 하였다. 지속 가능한 삶의 질을 확보하고 공동체 문화를 만들어 가고자 시범 조성한 면목동 공동체주택 마을 도서당은 입주자 맞춤형 설계, 시공, 관리 및 공동체 프로그램을 통한 정주성을 확보하고, 공익 시설과 문화 시설 등을 갖춤으로써 지역적 특색을 갖춘 테마 거리 조성을 시도하였다.

Part 4 국내 코하우징의 도입

그림 4-5 서울시 면목동 공동체주택 마을 '도서당' 계획안

* 사진 출처: 서울시 공동체주택 플랫폼

'도서당'이란 책을 통해 배움의 기술과 삶의 기쁨을 누리는 책 읽는 집(圖書, 堂), 도시 속 서당(都, 書堂)이란 뜻을 가지고 있다. 즉, 다양한 도서 나눔과 모임, 재능 공유 등을 통해 지역의 공동체 문화의 구심점이 되는 마을 조성을 추구하였다. 이러한 콘셉트를 실현하기 위해 각 공동체주택의 1층 커뮤니티 공간에는 테마별 도서관 및 카페 등 지역 주민들이 함께할 수 있는 공간들을 조성하였다.

Part 4 국내 코하우징의 도입

《2》 국내 코하우징의 유형

국내 코하우징의 종류로는 공급 주체 및 방식에 따라서 주택협동조합이 공급하는 코하우징, 민간 사업자가 공급하는 코하우징, 공공기관에서 공급하는 공영 임대형 코하우징을 비롯해 일반 분양형 코하우징이 있다. 또한 입주자 특성을 바탕으로 한 '테마형 코하우징'도 등장하였는데, 주로 공공기관에 의해 공급된 공영 임대형 코하우징에서 나타나고 있다.

주택협동조합형 코하우징의 경우, 2000년대 초반, 민간 비영리 조직의 주택 참여 필요성에 대한 논의를 시작으로 2012년 12월 「협동조합 기본법」이 시행되었으며, 이를 통해 주택 공급에 있어 민간의 참여를 높이고자 했던 정책적 맥락에서 공급되기 시작하였다. 주택협동조합에 의해 공급되는 주택 유형은 민간형, 민관 협력형, 공영 임대형으로 나눌 수 있는데, 민간형 주택으로는 '여백', '오늘공동체', '구름 정원사람들' 등이 있으며, 민관 협력형 주택으로는 '함께 주택협동조합', '잔다리 주택협동조합', '완두콩 주택협동조합' 등이 있다. 공영 임대형 주택으로는 '가양동 육아 협동조합', '만리동 예술인 협동조합', '홍은동 청년 협동조합' 등이 있다.

주택협동조합은 주택을 필요로 하는 사람들의 욕구를 충족시키기 위해 자발적으로 결성되는 법인체이다. 주택협동조합의 장점은 낮은 주택 마련 비용과 저렴한 주거 관리 비용, 정관 등에 근거한 안정된 거주권 확보, 조합원의 요구에 부합하는 주택 계획과 건설, 의사 결정 과정에 있어 민주적인 참여 등을 들 수 있다. 비영리로 운영되는 주택협동조합의 경우, 이윤 극대화를 목적으로 하지 않기 때문에 저렴한 가격으로 주택을 공급할 수 있으며, 저소득층을 대상으로 공급할 경우, 정부나 공공기관의 지원을 받을 수도 있다. 또한 주택이 건설되기 전에 입주 예정자를 모으고 주택 건설 등에 필요한 자금을 형성할 수 있다. 조합이 주택을 소유하고 관리하기 때문에, 임대료는 이윤을 배제한 실비 수준에서 조합원 스스로가 결정한다.

Part 4 국내 코하우징의 도입

　　　민간 사업자에 의해 공급되는 공동체주택은 서울시 공동체주택 인증 과정을 거치게 되는데, 건설 및 주택 관련 사업자로 등록된 자가 공동체주택 건설 예정 부지를 확보하고, 공동체주택 예비 인증 사전 필수 교육을 이수한 후 공급할 수 있게 된다. 사업 기간은 10년으로 정하고 있으며, 입주자 선정 및 운영은 자유롭게 하되, 임대료는 주변 시세의 95% 이하로 공급하도록 함으로써 보다 저렴한 주거비로 주택을 공급하도록 유도하고자 하였다.

　　　민간 사업자에 의해 공급되는 주택 중 토지임대부 방식으로 공급되는 주택도 있다. 토지임대부 주택이란 토지 소유권은 SH공사(서울주택도시공사)나 LH공사(한국토지주택공사) 등 공공기관에 있으며, 주택 건설을 위해 토지를 장기간 빌려주는 제도를 활용해 지은 주택이다. 이러한 공급 방식은 서민 주거비 부담 경감과 주거 안정에 기여하기 위해 만들어진 것이다. 토지임대부 주택에는 분양형과 임대형이 있는데, 분양형의 경우 토지 사용료만 내고 되팔 때는 공공에 환매하도록 하는 정책이다. 이것은 건물(주택)만 팔아 분양가를 획기적으로 낮추고자 한 제도이며, 분양가는 토지비와 건축비 등을 고려해 결정된다. 서울시 토지임대부 주택의 사업 대상은 다가구주택, 다세대주택, 아파트, 도시형 생활주택이며, 사업 주체는 건설 및 주택 관련 등록 사업자가 추진할 수 있다. 사업 기간은 최대 40년(30년+추가 10년)으로 장기 임대형에 해당한다. 지원 내용은 공공 토지를 장기 임대해주고 사업 추진을 위한 컨설팅 및 커뮤니티 활성화 지원을 하며, 대출 및 이자 지원이 있다. 토지 임대료는 3년 만기 평균 예금 금리 또는 1.5% 중 선택이 가능하며, 건설 자금은 총 사업비의 90% 건설 원가 범위 내 이하, 대출일 익월부터 준공 후 최대 8년 시점까지 조달이 가능하다(표 4-1 참조). 이와 같은 지원은 서울시 공동체주택 예비 인증을 통과해야 지원받을 수 있다.

'테마형 공동체주택'은 가구의 특성 및 공유 내용에 따라 청년형, 시니어형, 신혼형, 공동 육아형, 취미형, 예술가형, 창업형, 다문화가구형, 한부모가구형 등 다양한 테마로 공급되었다.

청년형의 경우, 공동체 공간은 물론 공유 오피스를 두어 업무와 학업 등을 지원하는 시설을 두기도 하며, 청년들의 생활을 고려하여 한 끼 식사, 물품 공유, 공동 텃밭 등 청년들에게 적합한 프로그램을 운영하기도 한다. 특히 1인 가구의 특성을 고려하여 공용 세탁기와 건조기는 물론이고 개인 로커와 공용 창고, 공용 주방 등의 편의 시설을 제공하기도 한다. 또한 드론 마을, 가죽 마을, 만화인 마을, 청년 예술인 마을 등 비슷한 직종에 종사하는 입주자가 사는 주택들도 공급되었다. 이곳을 '도전숙'이라고 부르는데, 주로 청년 창업가들이 입주해 있으며 '도전하는 사람들이 모여 배우고 성장하는 곳'이라는 뜻을 담고 있다.

반려동물을 키우는 가구가 입주한 '견우일가'의 경우, 애완견 놀이 공간과 산책 후 배변 처리 및 발 닦기가 가능한 시설을 공동 공간에 마련해 두는 등 다양한 맞춤식 시설을 찾아볼 수 있다.

시니어형의 경우 주로 공영 임대형이 많으며 금천구와 동작구 등 고령자가 많이 거주하는 지역에 다수 공급되었고, '보린주택', '미소주택' 등의 이름으로 명명하고 있다.

자가 소유형 공동체주택 중 은퇴자 혹은 은퇴 예정자가 다수 입주한 주택도 있다.

Part 5

국내 코하우징의 사례

《 1 》 주택협동조합형 공동체주택
- 1-1 북한산 자락의 공동체 '여백'
- 1-2 도봉산 아래 더불어 사는 '오늘공동체'
- 1-3 오래된 이웃들이 만든 '새맘뜰'
- 1-4 다양성이 생동하는 '위스테이 별내'

《 2 》 시니어 코하우징
- 2-1 동작구 고령자용 공동체주택 '미소주택'
- 2-2 금천구 온몸어르신주택 '보린주택'
- 2-3 일자리 연계형 고령자주택 '해심당'

《 3 》 전원형 코하우징
- 3-1 귀농·귀촌 친환경 공동체 '백화마을'
- 3-2 함께 꿈을 꾸는 공동체 '강화바람언덕'

《1》 주택협동조합형 공동체주택

1-1 북한산 자락의 공동체 '여백'

- 위치: 고양시 덕양구 지축동 167-38 외(덕양구 흥국사길 12)
- 세대수: 총 10세대
- 건축주 구분: 개인(협동조합 형태)
- 준공 일자: 2016년 7월
- 건물 개요: 지상 4층(2개 동)
  대지 면적 724㎡, 건축면적 382.72㎡, 연면적 1,020.39㎡
- 건축물 용도: 다세대주택(2개동, 1동당 5세대씩)

조합 결성과 건축 과정

자연 친화적 주거 환경을 추구하면서도 교통이 편리한 곳에 공동체주택을 짓고자 하는 준비 모임이 2015년 초에 이루어졌다. 이들은 서울시 50+센터에서 처음 만났으며, 전세 비용으로 살고 싶은 집을 지어보자는 목표로 7가구 정도가 출자금을 내고 주택을 짓는 사업을 추진하게 되었다. 이후 3가구를 추가 모집하여 같은 해 5월에 '여백'이라는 주택협동조합을 창립하였다. 공동체주택 사업자인 '하우징쿱'을 통해 약 250평 정도 되는 부지를 소개받았으며, 조합원 모두의 동의하에 최종 선정하게 되었다. 사업은 주택협동조합이 모든 주택을 소유하고 조합원은 주택을 임차하는 형식으로 진행되었으며, 서울시 공동체주택 심사 과정을 거쳐 사회 투자 기금으로부터 필요 자금의 70%를 저리로 차입하게 되었다. 건축비는 총 27억 원 정도 들었으며, 세대당 약 2억 7천만 원 정도를 부담하였다.

주택을 건축하는 과정에서 건축 허가 및 지역 주민과의 의견 조율 문제에 부딪히게 되었다. 예로, 친환경 건축물을 짓고자 했으나 관할 구청의 설치 허가가 나지 않아 지열 난방을 포기하는 대신, 에너지 효율을 높이기 위한 건물 외관 및 창 디자인 등 다양한 대체 기법을 적용하였다. 주택을 어떻게 지을 것인지 수차례 논의하였고, 입주 준비를 위한 하루 워크숍을 근처 카페에서 모임을 갖는 등 주택에 입주하기 전부터 입주민 간 서로를 알아가는 시간을 많이 가졌다. 예를 들

《1》주택협동조합형 공동체주택

어 주 1회 회의와 밥 먹고 놀기 등, 서로 모르는 사람들끼리 함께 살기 위한 준비를 하였다. 왜 공동체주택을 희망하는지에 대한 이야기를 나누는 자리에서는 상대적으로 저렴한 주택 가격, 취향이 반영된 주거, 서로 돕고 이해하는 상부상조의 문화, 의사가 반영되는 민주적 의사결정 등이 이유로 제시되었다. 건축 허가와 사용 승인의 지연, 주변 동네주민들의 항의와 민원 등 예상하지 못한 위기는 오히려 입주자 간의 단단한 내부 관계를 성장시켜 주는 밑거름이 되었다. 당면한 문제를 하나씩 해결해 감으로써 공동체의 다양한 모습을 경험할 수 있었다.

건축 분야의 정보는 전문적인 내용이라 믿을 만한 전문가와의 파트너십이 중요하다는 것을 느꼈으며, 이는 이해당사자들 간의 복잡한 의사 결정 과정을 단축시키는 효과를 주기도 했다. 지하수 개발은 어떻게 해야 하는지, 지열 난방은 가능한지 등 입주자들의 정보 취득과 민주적 논의 과정은 주택을 함께 짓는 과정에서 매우 중요하다는 것을 입주자들은 강조하였다.

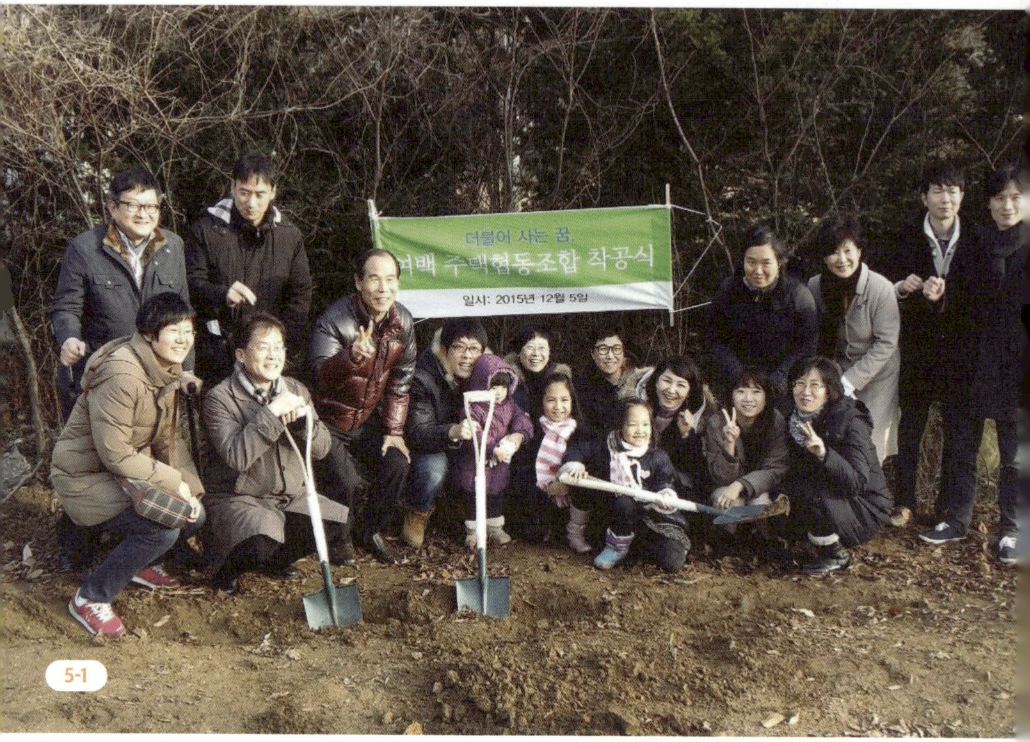

5-1

5-2

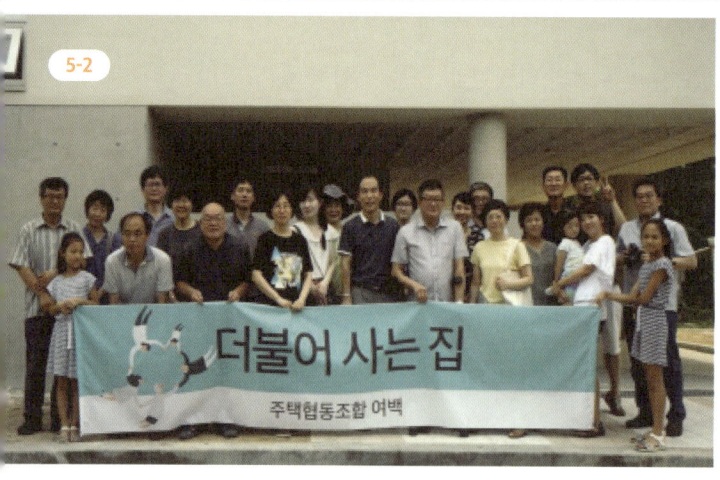

그림 5-1

'여백' 주택의 건축 첫삽 뜨기 기념 촬영

사진 출처: 김수동

그림 5-2

'여백' 주택 입주 기념식

사진 출처: 김수동

그림 5-3

'여백' 주택 외관

사진 출처: http://masterbuilder.kr

5-3

📌 공간 특성

여백은 두 동의 건물로 구성되어 있는데 하나는 '파란 여백', 다른 하나는 '하얀 여백'으로 이름을 지었다. 두 동 사이는 법적 너비보다 넓게 확보하여 뒷집의 시선을 배려하고자 설계하였다.

파란 여백에는 고령 입주자의 편의를 위한 엘리베이터를 설치하였고, 하얀 여백은 주로 젊은 세대가 거주하는 동이므로 관리비 절감을 위해 엘리베이터를 설치하지 않은 대신 공동 현관에서 신발을 벗고 들어갈 수 있도록 공용 신발장을 두었다. 하얀 여백에는 1층 계단 밑 공간에 농기구를 보관하는 작은 공유 창고를 두어, 주택 앞 정원과 인근 텃밭에서 작업을 할 때 필요한 물품을 보관할 수 있도록 계획하였다.

하얀 여백 4층에는 주민들이 함께 사용하는 공용 공간이 있다. 이 공간을 지을 당시에는 소규모 공동주택에 커뮤니티실을 두는 것이 승인되지 않았기 때문에, 관리사무소 용도로서 건축 허가를 받아 만들었다. 공용 공간은 주로 아이들의 놀이 장소이자 공부방 등으로 활용하며, 어른들도 가끔 모임을 위해 사용한다.

《1》주택협동조합형 공동체주택

그 밖의 공유 공간으로는 공동 텃밭과 옥상이 있는데, 공동 텃밭은 동네 주민들의 접근성을 높이기 위해 경계를 두지 않았으며, 입주 후 주민들이 함께 텃밭을 가꾸고 있다.

그림 5-4
하얀 여백 4층 커뮤니티실

Part 5 국내 코하우징의 사례

그림 5-5 하얀 여백 1층 공동 현관 및 공동 신발장

《1》주택협동조합형 공동체주택

🔖 여백 공동체주택에서의 삶

여백에 입주할 당시 주민들은 4세에서 60대까지 다양한 연령으로 구성되어 있었으며, 1인 가구도 한 세대 포함되어 있었다. 초기 3~4가구는 마음이 잘 맞아서 공동체 분위기 조성과 운영이 잘 이루어졌다. 입주한 주민들은 퇴직 공무원, 사회운동가, 비혼 자매 등 다양한 이력을 가지고 있으며, 제일 연장자인 부부가 명예 촌장 역할을 맡고 있다. 촌장은 지역 소식을 전달하기도 하고, 주민 고충이 생겼을 때 의견을 들어주는 역할을 하고 있다. 또한, 4층에 거주하는 한 주민이 초기 입주자 대표 역할을 맡아, 주민 의견 수렴과 하우징쿱과의 소통 역할을 잘 해주었다.

공동 비용을 마련하기 위해 입주 초에는 세대당 백만 원씩 모아서 천만 원을 공동체 기금으로 확보하였다. 입주 후 옆집 신축 공사로 인해 조망권 침해 문제가 발생하여 주민 전체가 마음고생을 하게 되었는데, 해당되는 2세대의 차음 벽 시공을 위해 공동체 기금에서 세대당 150만 원씩을 지원하였다. 공동 비용은 관리비와 장기수선충당금 두 가지로 부과하고 있다. 장기수선충당금은 계획에 따른 수선을 위해 사용하기에는 조금 부족하지만, 이를 보완하기 위해 주민 회의를 거쳐

Part 5 국내 코하우징의 사례

입주 1년이 지난 시점부터 세대당 월 2만 5천 원을 걷어 적립하고 있다. 이렇게 적립한 비용으로 옥상 방수 공사를 시행하기도 하였다.

지역 주민과의 교류는 가까이 있는 마을 회관과 주택 내 텃밭 등에서 이루어지고 있다. 촌장이 주민 자치 위원회에 참여하고 있어서 마을 소식과 지원 사업을 입주자에게 전달해 주기도 한다. 마을 회관에서는 주 1회 어르신 식사 모임이 운영되고 있는데, 입주 초기에 마을 회관 식사 대접과 오픈 하우스 행사를 통해 동네 주민들과의 소통

그림 5-6 마을 회관에서의 동네 주민 식사
사진 출처: 김수동 / 사진 출처: 김수동 instagram 2023. 05.

(1) 주택협동조합형 공동체주택

을 시작하였다. 건축 과정에서 동네 주민의 민원이 있었지만 주민과의 소통을 통해 잘 해결하고자 하였고, 주택지 조성 시 나무 기금으로 150만 원을 마을에 기부하기도 하였다. 그 결과, 입주 시에는 동네 주민들이 마을 입구에 환영 현수막을 붙여 동네 일원으로 반갑게 맞이해 주기도 하였다. 새로운 곳에서 함께 살기를 자처한 10세대는 이렇게 지역 공동체의 일원으로 살아나가고 있다.

그림 5-7 여백 주택의 바비큐 파티와 작은 음악회
사진 출처: 김수동 / 사진 출처: 김수동 instagram 2023. 05.

Part 5 국내 코하우징의 사례

살면서 아직까지 공동 생활 문제로 갈등은 별로 없었으며, 공동체 규정 등 특별한 기준을 마련하지 않았지만 세대별로 각자의 역할을 잘 맡아서 참여하고 있다. 집 앞 눈 치우기, 공용 공간 청소하기 등도 주민 스스로 참여하고 있다. 주민 모임으로는 매달 셋째 주 토요일에 밥상 모임을 해오고 있다. 코로나 유행으로 인해 잠시 중단되기도 하였지만, 비정기적으로 자유롭게 이어가고 있다. 텃밭에서 감자를 수확할 때는 감자전과 막걸리를 나누기도 하고, 텃밭을 가꾸는 데 적극적인 4~5가구는 '초록손'이라는 이름으로 정기적인 모임을 갖고 있다.

그림 5-8
공유 공간으로
사용하는
4층 테라스

그림 5-9 주민들이 함께 가꾸는 정원과 텃밭
그림 5-10 1층 필로티

Part 5 국내 코하우징의 사례

1-2 도봉산 아래 더불어 사는 '오늘공동체'

- 위치: 서울시 도봉구 도봉로 191가길 20
- 세대수: 총 20세대(입주 초)
- 건축주 구분: 개인(협동조합 형태)
- 준공 일자: 2017년
- 건물 개요:
  - 대지 면적 540㎡, 건축면적 306㎡, 연면적 992㎡
  - 건폐율: 59.5%, 용적률: 126%
  - 지상 4층, 지하 1층(1개 동), 철근콘크리트 구조
  - 세대 공간 총합 659㎡, 근생 공간 333㎡, 주민 공동 시설 101㎡, 옥탑 38.5㎡
  - 공유 공간 종류: 전체 홀, 식당, 놀이방, 음악 연습실, 카페, 공동 작업실, 루프탑 공간 등
- 건축물 용도: 지하_근린생활시설, 카페 외_주민 공동 시설, 주택 공간_다세대주택

✍ 짓는 과정과 입주

'오늘공동체'는 인문학과 영성을 통해 삶과 신앙을 함께 하고자 했던 사람들이 서울시 협동조합형 공동체주택 사업을 알게 된 후, 공동체주택을 지어보기로 하면서 시작되었다. 이들은 은혜공동체교회를 통해 2000년부터 모임을 형성했으며, 입주 전 '은혜공동체'라는

《1》주택협동조합형 공동체주택

이름으로 공동체 학교를 운영하기도 하였다. 혈연을 넘어 가치 지향의 사회적 가족을 만들어 함께 살면 좋겠다는 생각을 하게 되었고, 2015년 몇 군데의 부지를 선정해 탐방한 후 공동체 구성원의 전체 토론을 통하여 현재의 부지를 선정하게 되었다.

서울시의 공동체주택(자가 소유형)의 지원 사업을 제안하기 위해, 전제 조건인 주택협동조합을 결정하고 조합비를 조성하여 토지 계약과 중도금을 마련하였다. 토지를 담보로 서울시 지원 프로그램을 통해 은행권 대출을 약 10억 원 정도 받아 시공비 등을 마련하였다. 조합원인 입주민들이 각자 단기 대출로 비용 마련을 마련하였으며, 준공 이후에는 전세 보증금으로 입주민 대출은 상계 처리하였다.

공사가 시작된 2016년 이후 건축사와 예비 입주자 간 약 20차례 이상 회의를 거쳤고, 공유 공간 및 개인 공간의 설계안과 인테리어까지 주택이 만들어지는 과정에서 입주자의 의견을 충분히 반영하고자 하였다.

모든 가구는 소득과 가족 수에 따라 금액을 산정하여 전세 계약을 체결하였다. 입주 초기 전세 기한은 8년으로 설정되어 있었으나, 계약 연장 등의 번거로움 때문에 장기 계약 형태로 전환하고자 하는

Part 5 국내 코하우징의 사례

움직임이 있었다. 당시에는 행정적으로 30년이라는 장기 임대가 용인되지 않았지만, 우여곡절 끝에 결국 전세 기한을 30년으로 변경할 수 있었다. 전세 기한은 30년이지만 언제든지 퇴소 가능하며, 빈 공실이 있을 경우 추가 입소할 수도 있다. 전입 신고 등 행정 처리 절차는 일반 주택과 동일하다.

그림 5-11
오늘공동체 외관*

* 사진 출처: 서울시 공동체주택 플랫폼

《 1 》주택협동조합형 공동체주택

호실 배정 시에는 1인 세대, 가족 세대 등 가족 수와 라이프 스타일 유형별 등을 배려하였으며, 동일한 조건의 세대인 경우에는 결혼 연차에 따라 배정하였다.

그림 5-12 오늘공동체 주변 전경*

* 사진 출처: 서울시 공동체주택 플랫폼

🔖 공간 특성

오늘공동체는 공유 부엌과 햇살식당, 씨앗홀(다목적 홀), 바람소리실(합주실), 상담실, 게스트 하우스, 공감카페, 층별 북카페, 새벽 공부방, 새싹방, 층별 거실, 사이 정원, 옥탑방 공간, 루프탑 등 다양한 공유 공간이 있다. 이렇게 많은 공유 공간을 둘 수 있게 된 것은 주택을 계획하는 과정에서 개인 공간을 줄이고 공유 공간의 비중을 높이자는 데 의견을 모은 결과이다.

1층 현관에는 전체 입주자를 위한 공동 신발장이 마련되어 있다. 신발을 벗고 들어온다는 것은 공간의 성격에 많은 의미를 부여하기 때문에, 이러한 구조는 입주자들이 1층 현관에 들어서는 순간부터 이 공간을 '우리 집'으로 인식하는 계기로 작용한다. 1층에는 외부인도 사용이 가능한 공감카페와 게스트 하우스, 공동 화장실이 있으며, 계단과 엘리베이터를 통해 각 층으로 이동이 가능하다.

지하층에 있는 햇살식당은 오늘공동체의 주요한 공유 활동이 이루어지는 공간이다. 입주 전에도 근처에 모여 살면서 '식탁'이라는 이름으로 저녁 식사를 같이 해왔는데, 입주 후에도 함께 하는 식사는 계속되고 있다. '방과 후 학교'를 마친 아이들에게 집밥을 제공함으로

《1》주택협동조합형 공동체주택

써 직장을 다니는 부부들의 어려움을 해소할 수 있다. 식사 준비가 가능한 입주자들이 각자 요리할 수 있는 요일을 정해서 준비하고 있으며, 공용 비용을 통해 식재료 등을 구입해서 운영한다. 식사 후 자신이 먹은 그릇은 스스로 치우고 설거지에 참여한다.

햇살식당은 대안 학교 학생들의 교실로도 사용되고 있으며, 아이들 요리 수업 등이 진행되고 있다. 아이들이 삼삼오오 모여서 놀거나 활동을 하는 등 다양한 용도로도 활용된다.

그림 5-13 오늘공동체 지하의 공유 부엌과 햇살식당

그림 5-14 1층 게스트룸

그림 5-15 지하 다목적실

그림 5-16 다락 공간에 조성된 작은 서재
그림 5-17 루프탑

주택 공간은 스킵 플로어 형식으로 구성되어 있으며, 한 층당 10명 내외로 거주하고 있다. 주택은 건축물대장상 다세대주택으로 개별 등기가 되어 있으며, 건축 승인 시 세대별로 허가받았다.

각 층에 마련된 거실과 작은 탕비실에서는 부족별(이들은 같은 층에 사는 그룹을 '부족'이라 부른다)로 혹은 개인별로 식사 및 간식 등을 준비할 수 있다. 침실뿐만 아니라 모든 공간은 부족원 및 전체 구성원에게도 모두 개방적이며, 공유주택에 대한 확산 및 공감대 형성을 위해 외부 방문자에게도 개방하는 등 열린 공동체의 모습을 보이고 있다.

주민 구성과 부족별 삶

입주자는 1인 8세대, 2인 3세대, 3인 1세대, 4인 4세대, 5인 1세대로 구성되며, 10세 미만에서 50대까지 다양한 연령층으로 구성되어 있다. 입주 초부터 입주자를 크게 네 묶음으로 나누고, 한 묶음을 '부족'이라고 부르며 하나의 사회적 그룹으로 인식하며 살고 있다. 현재 1부족은 아이 세대, 동거 커플, 싱글 남성 두 명으로 구성되었으며, 2부족은 아이가 있는 세대로만 구성되어 있다. 3부족은 아이가 없는 세 세대와 청소년들, 4부족은 싱글 여성들과 한부모가족인 여성 세 명,

그림 5-18 1인 세대 호실

그림 5-19 층별 공용 거실

청소년 한 명이 같이 공간에서 생활하고 있다. 아이들이 성장하면서 필요로 하는 공간의 크기가 달라지는 등 공간 요구가 발생하면 거주 공간을 다른 부족이 살고 있는 층으로 옮겨가기도 한다. 이처럼 주민 등록등본상 1인 세대라 하더라도 주택 공간은 자유롭게 섞어서 생활하고 있기 때문에 몇 명으로 구성된 세대라는 구분은 중요하지 않다.

서로 다른 가치관과 습관의 차이는 오늘공동체 주택에 입주한 사람들에게도 크고 작은 갈등으로 나타났다. 이러한 갈등을 극복하는 데는 오늘공동체 대표 부부가 큰 역할을 했다. 이들은 심리 상담을 통해 관계 문제를 해소하는 데 도움을 주었으며, 인문학 강좌를 통한 신앙의 일상화를 통해 서로 열려있는 마음으로 공동체적 삶을 이어가도록 이끌어 주었다. 개중에는 은둔형 성격을 가지고 있어 입주 후 공동체 생활이 잘 맞지 않는다고 느끼는 사람도 있었으며, 결국 공동체주택에서 어울리지 못하고 퇴소한 경우도 있다. 이렇게 서로의 라이프 스타일을 맞춰가면서 함께 살기를 이어가고 있다.

부족마다 라이프 스타일은 조금씩 다르지만 각 부족의 의사 결정은 회의를 통해서 논의해 결정하며, 재정 관리도 부족별로 각자 독립적으로 하고 있다. 싱글 여성으로 구성된 부족이 사는 층은 로봇 청

《1》주택협동조합형 공동체주택

소기를 구입해서 편리하게 청소하는 방법을 택하기도 하였다. 하지만 입주자가 생각하는 가족의 범위는 전체 입주자 모두라고 한다. 집의 범위도 내 방뿐만 아니라 집 전체를 내 집으로 인식하고 있다.

입주자들은 대부분 공유하는 삶을 좋아하고 공동체적 삶에 동의하였기 때문에 입주하였다. 공동체 활동을 드물게 하는 입주자도 있지만 그들에게 활동 참여를 강요하지는 않는다. 하지만 한 달에 한 번씩은 의무적으로 저녁 식사 모임을 갖기로 약속하고 지금까지 이어가고 있다. 지하 씨앗홀에서는 주말마다 모두 모여서 꾸준히 인문학 공부를 하고 있으며, 이 모임에는 인근에 거주하는 오늘공동체의 조합원까지 참여하여 약 80명에 이른다고 한다.

주거 관리

공용 공간 및 공동체적 활동이 많은 만큼 이에 소요되는 비용도 크다. 주택 관련 세금은 입주자 관리비로 충당하고 있는데, 토지세, 재산세, 장기수선충당금, 전기, 수도 사용료 등을 지불하기 위해 관리비 항목으로 매월 1인당 월 15만 원씩 지불하고 있다. 아이는 10만 원, 어른은 15만 원으로 정하여 걷는 등 부족별로는 걷는 공용 비용에 약간 차이가 있다.

　　주택협동조합 전체 회계 차원에서 사회적 그룹별(부족) 비용을 청구하여 공통의 비용을 충당한다. 의료비, 문화 활동비, 교육비 등 공동체 전체 복지 기금을 걷고 있는데, 이 기금은 소득의 10%에 해당한다. 식사비의 경우 식성이 다르기 때문에 부족별로 나눠서 주로 운영하고 있다.

　　다른 주택과 마찬가지로 이 주택에서도 청소, 분리수거에 대한 문제가 발생하기도 하였다. 처음에는 조정 기간이 길어지는 등 어려움이 있긴 했지만, 서로 소통하고 이해하며 맞춰가는 연습을 통해 극복하고 있다. 또한, 가사 노동에 불평등이 생기면 평화로울 수 없다고 생각하여 서로 역할을 분담해 청소하고 있으며, 아주 세밀한 부분까지 신경 쓰는 것도 중요하다고 생각하고 있다. 이로 인해 공동 세탁기 사용 시 다른 사람의 세탁물이 더럽다거나 불편하다고 인식한 적이 없다고 할 정도로 원만히 공유 시설을 사용하고 있으며, 입주자들이 상호 간 가족 구성원으로 인식하고 있는 오늘공동체의 문화를 엿볼 수 있다.

그림 5-20 다목적 대강당에서의 주민 회의

사진 출처: 하우징쿱

그림 5-21 세미나 등 외부인에게도 개방하는 다목적 대강당

Part 5 국내 코하우징의 사례

1-3 오래된 이웃들이 만든 '새맘뜰'

- 위치: 서울 구로구 오리로 21가길(궁동)
- 세대수: 8가구
- 건축주 구분: 민간 임대형
- 준공 일자: 2021년 2월
- 건물 개요: 대지 면적 321㎡, 건축면적 187.17㎡, 연면적 901.53㎡ 지하 1층, 지상 5층 철근콘크리트조
- 건축물 용도: 다세대주택

조합원 구성과 입지 선정

새맘뜰은 2021년 2월에 서울 구로구 오리로 21가길에 준공된 공동체주택으로, 대지 면적 321㎡, 건축면적 187.17㎡, 연면적 901.53㎡의 지하 1층, 지상 5층으로 된 철근콘크리트조 다세대주택이다.

새맘뜰에 살고 있는 8가구의 주민들은 오랫동안 함께 알고 지낸 사이였다. 그들은 모두 공동체적인 삶에 관심이 있던 와중에, 서울시에서 공간을 공유하며 연대와 협력의 경험을 중요시하는 공동체주택을 지원한다는 소식을 듣고 행동으로 옮기게 되었다. 교사, 아나운

174-175

《1》주택협동조합형 공동체주택

그림 5-22 새맘뜰 외관

Part 5 국내 코하우징의 사례

서, 직장인, 프리랜서, 소방관, 간호사, 사업가, 강사, 디자이너 등 직업도 다양하고, 독신부터 신혼, 청장년 세대에 노부부까지 생애주기도 다양하다.

평소에 친하게 지내던 이웃들이 함께 집을 짓고 살자는 말을 종종 했었다. 원래는 마당이 있는 단독주택을 원했지만, 돈에 맞추다 보면 서울 밖으로 나가야 하는데 한창 일해야 할 나이에 직장에서 멀리 나가야 하는 것이 엄두가 안 나서 함께 살기를 몇 번 시도하다 그만 두었다. 그러다가 우연히 서울시에서 총 사업 자금의 90%까지 대출을 해주는 공동체주택 사업을 한다는 것을 알게 되어 드디어 꿈을 이룰 수 있게 되었다.

사람들이 집을 구할 때 가장 먼저 선호하는 것이 역세권이다. 그러나 그에 못지않게 숲세권도 인기이다. 집 가까이에 숲이 있어 자연을 즐길 수 있는 환경을 서울에서는 찾기가 그리 쉽지 않았다. 그러나 새맘뜰 공동체주택은 숲세권의 혜택을 톡톡히 누리고 있다.

처음 시작 단계에서 주민들은 서울에서 땅값이 싼 곳을 찾아 몇 달을 헤맨 끝에 찾은 곳이 지금의 터였다. 주민들의 대부분이 구로구에 거주하고 있었기 때문에 도봉구나 은평구보다 구로구 궁동이 안

《1》주택협동조합형 공동체주택

성맞춤이었다. 이 터에는 산기슭에 위치한 오래된 주택이 있었다. 이곳에 따뜻한 햇볕이 내리쬐는 풍경을 보자 모두 한마음 한뜻으로 '이곳이다!'라고 생각했는데, 막상 집을 지으려 하니 대지가 'ㄱ' 자로 꺾여있어서 건축가들로부터 환영받지 못하였다. 그러다가 다행히 공동체주택에 대한 이해가 높은 건축가를 만나서 결국 만족스러운 주택을 지을 수 있게 되었다.

건축설계와 공간구성

건축설계는 하우스스타일 건축사 사무소가 맡았으며, 설비는 성진종합설비, 덕산전력, 스카이엔씨, 스토에이엔씨, 류창도장에서 맡았다. 외부 마감은 외단열 시스템(STO), 리얼 징크 패널이고, 내부 마감은 실크 벽지, 수성 페인트, 강마루, 애시 집성목을 사용하였다. 공사 기간은 11개월이 걸렸다.

새맘뜰 공동체주택은 총 5층 건물에 8가구로 구성되어 있다. 그런데 각자의 취향에 맞추어 지었기 때문에 각 세대의 주택 평면이 모두 다르다. 또한 층별 선호도가 달랐기 때문에 주택 배정에 약간의 충돌이 있을 수도 있는 상황이었으나 서로를 배려하는 마음에서 큰 의

그림 5-23 새맘뜰 공동체주택의 커뮤니티실(공동 거실 겸 식당)

《1》주택협동조합형 공동체주택

견 차이 없이 주택을 배정할 수 있었다.

건축가는 대지의 절곡부에 코어를 배치하고 남측 날개와 동측 날개 각각에 세대를 배치하였다. 남측 날개에 배치된 세대에는 충분한 빛과 시티뷰가 제공될 수 있도록 하였고, 동측 날개에 배치된 세대의 경우, 앞 대지에 건물이 들어설 것을 고려해 북쪽의 숲을 최대한 실내로 끌어들이도록 했다. 마당이 없는 도심형 다세대주택의 특성상, 옥상이야말로 하늘과 맞닿은 땅이었다. 옥상 남측 벽을 파라펫으로 둘러싸고, 숲쪽으로만 투시형 난간을 설치해 드라마틱하게 숲과 만나게 하였다.

경사진 땅으로 인해 외부에서 보면 1층이지만 구조상 지하인 곳에 지하 주차장과 공동 출입구가 있다. 출입구로 들어서면 공동체주택의 시작을 알리는 엘리베이터가 나온다. 엘리베이터를 타는 곳에서부터 신발을 벗고 들어오기 때문에 이곳부터 함께 사는 집이라는 느낌을 준다.

1층으로 올라가면 넓은 공용 공간이 나온다. 공용 공간은 각 세대에서 일부를 내어놓아 만든 공간으로 함께 바비큐를 해 먹기도 하고 꽃밭을 가꿀 수도 있는 곳이다. 더운 여름에는 아이들의 물놀이장으로

Part 5 국내 코하우징의 사례

변신할 수도 있다. 그 맞은편에는 새맘뜰 가족들의 핵심 공간인 커먼룸이 있다. 이곳은 일주일에 두세 번 공동 식사를 하는 장소로 쓰이며, 그 외 저녁에는 시간이 되는 사람들끼리 모여 요가를 하거나 영화를 보는 등 함께 즐기는 장소로 활용된다. 주민들의 대부분이 맞벌이 부부이므로 퇴근 후에 저녁 식사를 마련해 먹는 것이 번거로워 공동 식사를 하게 되었는데 현재는 아주 만족한다고 한다. 일상적인 공동 식사에서 시작된 활동이 제철 음식 먹기, 절기 음식 먹기 등 음식 이벤트로 발전하기도 하였다.

개인주택의 현관문을 열면 턱이 없이 곧장 내부로 연결되는데 이것은 노후에 휠체어를 사용하게 될 경우를 고려해서 설계한 것이다.

그림 5-24
공동 현관

《1》주택협동조합형 공동체주택

그림 5-25 옥외 공용 공간 '한들'

♪ 함께 살기

새맘뜰 공동체주택이 구성원들이 함께 살기 시작한 지도 어느덧 3년이 지나면서, 서로의 역할 분담이 어느 정도 되었고 남자들의 모임, 여자들의 모임도 만들어졌다. 사실 공동체 생활을 하다 보면 누군가는 일을 더 많이 하고 누군가는 덜 하는 것이 사실이다. 이러한 상황에서 공동체주택이 성공하려면 타인에 대한 배려가 가장 중요하다. 하고 싶은 일이 생기면 온라인 채팅방에 공지를 올리고 함께 하고 싶은 사람들이 함께 하고, 없으면 혼자 하기도 한다.

함께 산다는 것은 노력이 필요한 일이다. 공동체 문화를 형성하며 같이 살기로 약속했지만, 때로는 나이 때문에, 입주를 늦게 해서 등 다양한 이유로 속마음을 다 이야기할 수 없을 때도 있다.

서울시에서는 지원 신청한 공동체주택에 전문가를 파견하여 공동 생활 및 주거 관리 등에 대한 컨설팅을 지원하였다. 새맘뜰 입주민은 함께 둘러앉아 메모지에 우리 주택의 장점과 아쉬운 점을 적어보고 느낌을 공유해 보는 시간을 가졌다. 또한, 아이들이 있는 세대는 다른 입주자들이 자신이 아이들이 혹시 잘못했을 때 어떤 방법으로 대응하면 좋을지를 터놓고 의견을 제시하기도 하였다. 아이 부모의 의견에

《1》주택협동조합형 공동체주택

그림 5-26 옥상 루프탑

Part 5 국내 코하우징의 사례

따라, 아이가 잘못한 일이 있으면 직접 혼내거나 훈육하기보다는 부모로 하여금 그 역할을 하도록 정하였다. 사소한 문제라 할지라도 서로의 의견을 존중하고, 소통을 통해서 크고 작은 기준을 정하는 일은 이들이 오랜 시간을 함께 살 수 있는 힘이 될 것이다.

그림 5-27 옥상 파티*

* 사진 출처: 새맘뜰 인스타그램

《1》주택협동조합형 공동체주택

1-4 다양성이 생동하는 '위스테이 별내'

- 위치: 경기도 남양주시 덕송3로 27
- 세대수: 491세대
- 컨소시엄: 더함, 계룡건설, 대한토지신탁, 위스테이 별내 사회적 협동조합
- 사용 승인 일자: 2020년 5월 27일
- 건물 개요: 총 7개동, 용적률 162%, 건폐율 17%
  - 커뮤니티 시설: 1,110평
    (어린이집, 놀이터, 도서관, 공유 부엌, 커뮤니티 센터 등)
  - 임대 조건(입주 초 기준): 임대료 표준 27만 원, 커뮤니티 비용 4만 원, 최대 보증금 1억 6천2백65십만 원
- 건축물 용도: 아파트

■ 주택협동조합 구성과 개발 과정

위스테이 별내 아파트는 입주민으로 구성된 위스테이 별내 사회적 협동조합에 의해 개발된 국내 최초 협동조합 아파트형 마을공동체이자 협동조합형 공공 지원 민간 임대주택(8년간 임대)이다. 2020년에 입주한 경기도 남양주시 별내동에 지어진 이 아파트는 7개 동, 491가구 규모로, 건강한 공동체를 만들기 위한 다양한 활동을 입주 전부터 고민하기 시작하였다.

Part 5 국내 코하우징의 사례

　　　소유하기 위한 주거가 아니라 주거 안정성을 확보하기 위한 입주민의 노력과 합의로 탄생한 이 주택은 입주 전 과정부터 아파트의 공간계획과 주택 관리 및 커뮤니티 운영에 조합원인 입주민이 직접 참여하였다. 그동안 주택 계획 및 건설은 사업 주체가, 주택 관리는 관리 주체가 주도적으로 해오던 기존 공동주택과는 달리, 주택 계획에서 입주 후 관리 운영까지 모두 입주민의 의견과 참여를 통해 이루어지고 있는 곳이다. '내가 살 집은 내가 계획한다'라는 이상을 대규모 공동주택에 실현함으로써 지금까지와는 다른 공동주택 모델을 보여주게 되었다.

　　　공동체 문화 중심의 변화하는 주거 패러다임에 발맞추어, 민주적 의사 결정 과정과 자발적 참여, 보육 및 교육, 일자리 등 삶의 질을 높이는 공유 문화를 실천함으로써 주민 주도의 더불어 살아가는 모습을 보여주고 있다.

《1》주택협동조합형 공동체주택

위스테이 별내의 목표

비전: 건강한 공동체를 통하여 더불어 함께 사는 행복을 누리고 삶의 가치를 높입니다.
미션: 서로 돕고 함께 살아가는 건강한 공동체는 신뢰와 연대를 기반으로 합니다.
　　　함께하기에, 주거 고민 없이 안정적으로 살아갑니다.
　　　함께하기에, 다양성이 생동하는 공동체 활동을 하고 재미를 느낍니다.
　　　함께하기에, 이웃 간에 정을 나누며 안전한 환경을 만들어 아이들을 키웁니다.
　　　함께하기에, 조합원의 사회 활동을 지지하고 지역사회에 선한 영향을 끼칩니다.
　　　함께하기에, 우리는 공동체입니다.

그림 5-28 위스테이 별내 단지 전경

입주까지의 과정

입주 3년 전부터 시작된 협동조합은 입주 전부터 지속 가능한 공동체를 만들기 위한 준비를 시작하였다. 2017년 5월 주택협동조합 창립 총회를 시작으로 법인 설립과 수십 차례의 조합원 교육을 시작하였다. 공동체 기초를 마련하고자 2018년 착공식과 더불어 본격적인 조합원 교육 및 소모임 활동을 시작하였으며, 입주 전부터 주민 소모임 활동을 구체화하였는데, 주민 중 마을 활동가 50명을 구축하여 가시적인 활동을 시작하였다.

마을 활동가의 성장은 크게 3단계의 과정을 통해 이루어졌다. 우선 1단계에서는 공동체에 대한 인식과 지식, 이해의 함양을 목표로 삼았다. 이에 일반 조합원을 대상으로 주택 협동조합에 대한 개념과 사회적 경제 관련 규정, 공동체의 가치에 대한 교육이 추진되었으며, 이 과정은 3시간의 기본 교육과 3시간의 심화 교육으로 구성되었다. 2단계는 셀프 리더(Self-Leader) 조합원 과정으로 스스로 문제를 찾고 해결하고자 하는 단계였다. 셀프 리더십, 소통과 시너지, 소모임 활동, 존중의 약속 등을 주제로 하여 리더 과정 10시간, 모임 활동 10시간의 총 20시간 교육 과정을 진행하였다. 3단계는 마을 활동가 과정으

(1) 주택협동조합형 공동체주택

로, 조합을 넘어 마을의 문제 해결을 위한 역량을 키우고자 하였다. 마을공동체 활동가 및 사회적 문제 활동가, 전국 위스테이 협동조합 네트워크, 갈등 조정 마을 활동가라는 차원에서 리더 과정 20시간, 모임 활동 40시간의 총 60시간 교육 과정을 진행하였다. 이러한 다양한 과정을 통해 입주 전부터 공동체 활동을 위한 주민 역량은 강화되었으며, 이를 바탕으로 입주 전후의 다양한 의사 결정과 활동에 적극 참여하는 모습을 볼 수 있다.

실제로 2020년 8월 입주 후 주민 활동가 100명으로 구성된 공동체 위원회, 100개의 마을 학교를 운영할 교육 위원회, 일자리 100개를 만드는 비즈니스 위원회 구성을 목표로 교육 및 모임이 이루어졌다. 이러한 목표는 지속 가능한 공동체란 무엇인가에 대한 고민에서 출발하였으며, 공동체는 일부의 리더에 의해 이루어지는 것이 아니라 다수의 주민 참여에 의해 지속 가능할 수 있다는 것에 공감하였다.

우선, 조합원이 만들어 가는 참여형 디자인을 추진하였는데, 입주민의 특성과 요구를 반영하여 공동체 활동이 이루어질 수 있도록 커뮤니티 공간 디자인을 위한 '참여형 설계 워크숍'을 진행하였다. 공간

Part 5 국내 코하우징의 사례

디자인은 그 공간에서 하게 되는 활동을 상상하고 미리 기획해 보는 기회가 되었으며, 이 과정에서 주민들이 원하는 활동이 무엇일지를 고민하는 시간을 갖게 되었다. 이러한 워크샵은 단지 규모에 비해 매우 다양한 공간을 계획하는 힘이 되었으며, 입주 후 내가 원하는 활동에 참여할 수 있는 많은 프로그램과 행사를 기획하는 시작이 되었다.

조합원이 만들어 가는 참여형 디자인과 다양한 커뮤니티 공간

커뮤니티 공간은 입주자의 특성과 요구를 반영함으로써 공동체 활동이 활발하게 이루어질 수 있도록 하고자 하였다. 이를 위해 공간 디자인 워크숍을 개최하였는데, 시설별 지향점과 프로그램을 함께 고민하였으며, 시설별 공간, 분위기, 집기 등에 대해 논의하는 시간을 가졌다. 그리고 시설 및 서비스별 운영 방식을 어떻게 할 것인지, 이에 따른 업무는 무엇인지 생각해 보고, 각 시설 및 서비스별 운영 주체를 발굴하여 역할 분담을 하였다. 이러한 과정은 결과 공유회를 개최함으로써 공간 디자인 및 운영 계획에 대해 모든 입주자가 알 수 있도록 하였다.

그림 5-29 주민 추천 도서로 채운 동네 도서관
그림 5-30 커뮤니티 카페

그림 5-31 운동 공간
그림 5-32 동네 방송국

《 1 》 주택협동조합형 공동체주택

실제 이러한 과정을 통해 디자인된 도서관은 타 아파트의 도서관과는 공간 구성 및 활용도가 달랐는데, 서고 중간중간에 아이들이 편하게 앉아서 책을 볼 수 있도록 토굴 형태의 아늑한 공간들을 만들어 준 것이 한 예이다. 책은 모든 세대에서 한 권씩 추천한 도서로 선정하였고, 서고에는 입주자가 이웃과 함께 보면 좋겠다고 생각하여 기증한 책들이 가득하다.

마을 학교 및 일자리 창출 차원에서 활용될 만한 공간들도 계획되었는데, 주민 바리스타로 운영되는 커뮤니티 카페, 요리 강좌가 가능한 공유 주방, 막걸리 동호회가 이용 가능한 막걸리 발효실, 마을 방송 및 악기 연주가 가능한 방송국, 함께 보드게임이나 블록을 공유할 수 있는 놀이실, 플레이존 등 다양한 커뮤니티 공간들이 만들어지게 되었다. 각 공간의 명칭은 동네 우주선, 동네 방송국, 동네 체육관, 동네 창작소, 동네 목공소, 동네 책방, 동네 부엌, 동네 빨래터, 동네 몸살림터 등 '동네'라는 친근한 단어를 사용하였다.

입주 후 공동체 생활

다양한 주민 위원회는 그 역할에 따라 입주 후 활동을 본격적으로 시행하기 시작하였다. 육아 돌봄 프로그램, 시니어 예술 프로그램, 요리 교실, 청소년 프로그램 등 다양한 활동을 주민들이 직접 기획하여 운영하고 있다.

'예술로 노는 마을, 백 개의 잇다'라는 프로그램은 육아로 인해 지친 여성 주민과 소외된 신중년 주민들을 대상으로 기획되었다고 한다. 경력 단절 여성 중 한 명이었던 한 주민의 아이디어로 시작되었는데, 육아로 지친 여성과 소외된 신중년들이 한자리에 모여 일상을 나누는 것을 목표로 하였다. 돌봄 위원회에서는 아이 엄마가 활동하는 동안 신중년 여성들이 아이들을 대신 돌봐주는 활동을 기획함으로써, 동네 주민이 아이들을 함께 돌보는 문화를 조성하게 되었으며, 상호 간 유대감 형성을 통해 참다운 이웃 관계를 형성하는 계기로 되었다.

다양한 공간을 유지하고 많은 프로그램을 운영하기 위해서는 자금이 필요하다. 이러한 자금을 어떻게 마련할까 논의한 결과, 각 세대별 커뮤니티 운영비를 매월 4만 원씩 걷기로 합의하였다. 관리비 외에 추가로 내는 비용이라 세대별 부담이 클 것으로 보이지만, 그만큼 커뮤니티 공간을 활용하고 좋은 프로그램을 운영함으로써 더 큰 가치를 얻고자 하는 데 의견을 모은 것이다. 아이들은 사교육을 위해 단지

(1) 주택협동조합형 공동체주택

밖의 학원 등에 가는 것이 아니라 커뮤니티 공간에서 양질의 강좌를 들으며, 체험을 하게 된다. 또한, 공유 및 나눔 활동을 통해 합리적 소비를 하며, 재능 기부와 봉사 활동을 통해 사회적 자본의 가치를 끌어올리고 있는 것이다.

그림 5-33 '백 개의 잇다' 활동 공유회

* 사진 출처: 위스테이 별내, 트래비매거진 https://www.travie.com

입주 후 마을에서 잔치가 벌어졌다. 입주한 주민 중 결혼을 하게 된 청년 세대가 있었는데 단지 내 옥외 공간에서 결혼식을 하기로 한 것이다. 소모임 및 각 위원회는 필요한 사항을 함께 준비하였는데, 막걸리를 만드는 모임에서는 잔칫날 마실 막걸리를 빚었다. 결혼한 신혼부부는 축하해 준 마을 사람들에게 감사의 인사를 하기 위해 모든 세대에 떡을 돌렸다. 동네에서 이루어지던 혼례식이 결혼식장에서 이루어지면서, 각 지역의 친척들은 참여하지만 정작 동네 이웃은 참여하지 않는 것이 현재의 결혼 문화이다. 가장 가까운 곳에 지내는 이웃의 축하를 받으며 동네에서 결혼식을 올리는 모습은 아파트 공동체 문화의 새로운 사례를 보여주는 계기가 되었다.

공동체를 위한 약속과 갈등 관리

공동체에 대한 준비를 하고 입주한다 하더라도 다른 아파트와 같이 이 단지에서도 크고 작은 갈등이 발생할 수 있다. 위스테이 별내 주민들은 공동체 방식으로 갈등을 관리하는 마을을 만들고자 몇 가지 준비를 하였다. 먼저 갈등 조정 교육을 마련하여 30명이 80시간 교육과정을 마쳤으며, 갈등 조정 위원회를 구성하여 입주 후 발생하는 갈

《 1 》 주택협동조합형 공동체주택

등을 조정하는 역할을 맡았다. 신뢰 서클, '존중의 약속' 선언 활동을 통해 회복적 아파트를 만들고자 하였으며, 이웃의 갈등 조정에 대한 프로세스 규정을 명문화하는 것이 필요하다고 보고 이에 대한 프로세스를 만들었다. 즉, 갈등이 발생하면 갈등 조정 신청을 한 후 1:1 사전 모임을 갖는다. 그다음 단계에서는 신청자와 당사자, 조정 위원 2명이 참여하는 본모임을 가지게 된다.

Part 5 국내 코하우징의 사례

2021년 위스테이 별내 아파트 공동체 "존중의 약속" 선언문*

우리는 행복하고 건강한 공동체를 위해 다음과 같은 존중의 약속을 합니다.

1. 우리는 위스테이 별내 사회적 협동 조합원으로서의 의무와 약속을 준수하겠습니다.
2. 우리는 서로가 다를 수 있는 존재임을 인정하고 존중하겠습니다.
3. 우리는 다수의 행복만큼 소수의 권리도 중요시하겠습니다.
4. 우리는 지역 공동체의 성원으로서 역할과 책임을 다하겠습니다.
5. 우리는 모두가 행복한 삶을 위해 공동주택 생활 예절과 아래의 사항을 유념하여 지키겠습니다.

2021년 위스테이 별내 아파트 "존중의 약속" 세부 실천 사항

(중략)

2. 흡연 세부 실천 사항
하나. 흡연은 단지 외곽에서만 할 것이며 아파트 단지 내 어디(세대 내, 발코니, 화장실, 주차장, 계단, 복도, 놀이터, 주요 통행로, 파고라, 잔디 광장 등)에서도 하지 않겠습니다.
하나. 흡연 구역(단지 외곽)에서의 흡연권은 성인이라면 성별, 연령의 구별 없이 인정하겠습니다.
하나. 방문객에게도 단지 내에서 절대 금연하도록 안내하겠습니다.
하나. 단지 외곽에서 흡연 시 주변을 청결히 하겠습니다.

(이하 생략)

* 출처: 이로운넷(https://www.eroun.net)

《 2 》 시니어 코하우징

《 2 》
시니어 코하우징

2-1 동작구 고령자용 공동체주택 '미소주택'

- 위치: 서울시 동작구 상도동
- 세대수: 총 27호
- 공급 유형: 공영 임대형 공동체주택, 자치구와 SH공사 매칭형
- 준공 일자: 2017년
- 건물 개요: 5층 1개동 다세대주택(매입 임대주택) 전용면적 23~39m^2
  - 공유 공간: 1층 커뮤니티실, 옥상 텃밭
  - 관리 지원: 시설 유지 관리→SH공사, 임대 관리 및 입주자 관리→동작구청
- 건축물 용도: 다가구주택

공영 임대형 공동체주택의 공급과 지원

동작구에 위치한 미소주택은 만 65세 이상 무주택·저소득 1인

Part 5 국내 코하우징의 사례

가구의 주거 안정을 위하여 공급한 어르신 맞춤형 공영 원룸주택이다. 총 27호가 공급되었으며, 전용면적 23~39m²의 원룸 형식으로 개별난방과 커뮤니티실 및 엘리베이터가 설치되어 있는 5층짜리 건물이다.

서울시 공동체주택 중 공영 임대형의 경우, SH공사와 각 구청의 협업 사업으로 공급되는 주택이다. SH공사에서는 신축 주택을 매입하여 공급하고 시설물 등의 유지 관리를 담당하며, 관할 구청에서는 건축 허가 및 입주 계약, 재계약 등 입주민 관리를 담당한다. 임대 기간은 2년이 기본이며, 입주자격이 유지될 경우 9회까지 재계약이 가능하여, 최장 20년 동안 임대가 가능한 곳이다.

SH공사에서는 공동체 코디네이터를 일정 기간 동안 파견하여, 입주민이 공동체 공간을 기반으로 소통과 참여를 통해 공동체 문화를 형성할 수 있도록 지원한다.

공간 특성

공용 공간 및 세대 내부에는 고령자를 고려한 계획이 반영되어 있다. 각 공간은 배리어 프리barrier free를 적용하여 휠체어를 이용하는

그림 5-34 미소주택 외관

그림 5-35
세대 내부

그림 5-36
고령자를 위한
접이식 현관 의자

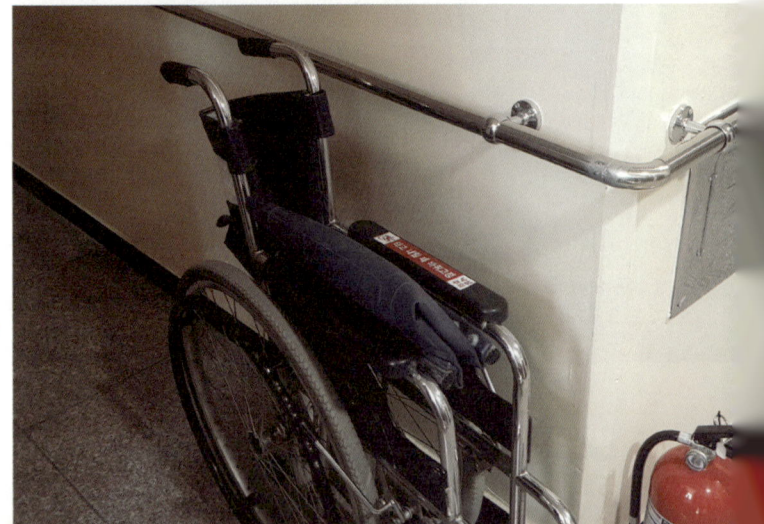

그림 5-37
복도 벽면에 설치된
핸드 레일

데 어려움이 없도록 하였으며, 복도 벽에는 핸드 레일 hand rail을 설치하여 보행에 도움을 주고자 하였다. 각 세대의 현관에는 신발을 벗고 신을 때 걸터앉을 수 있는 접이식 의자를 설치하였으며, 화장실 등에는 안전 손잡이 grab-bar를 설치하였다. 화장실 변기 옆 벽면에는 위급 시 사용할 수 있도록 응급 벨을 설치하였다.

　　입주민 간 소통과 공동체 활성화가 이루어질 수 있도록 1층 커뮤니티실과 옥상 텃밭 공간을 조성하였다. 1층 커뮤니티실에는 싱크대 및 정수기, 화장실 등을 설치하여 공동 식사 및 모임 등 활동이 가능하도록 하였다. 옥상에는 상자 텃밭을 할 수 있도록 배수 시설 및 수도 설비를 계획하였으며, 구청 등 지역 사회 자원과의 연계를 통해 텃

그림 5-38
옥상 상자 텃밭

Part 5 국내 코하우징의 사례

밭 상자, 모종, 퇴비 등을 매년 지원받아 가꾸고 있다. 입주민은 상추 등 생산물을 나누어 먹기도 하며, 비빔밥 등 공동 식사 자리를 마련해 입주민 간 교류 활동을 하기도 하였다.

그림 5-39
커뮤니티 공간의
싱크대와 공용 세탁기

그림 5-40
관리자 업무 공간

🎵 입주 전 주택 둘러보기와 공동체 생활 교육

모든 입주민은 입주 예정인 주택을 둘러보는 시간을 갖는다. 구청 담당 직원은 주택에 대한 입주 절차 및 주택 설명을 하고, SH공동체 코디네이터는 입주 후 공동체주택에서 어떻게 살 것인지 등을 소개하는 시간을 가진다.

공동체 코디네이터는 서울시에서 제시하는 '공동체주택 관리 규약 표준안'을 소개하고, 소규모 공동주택이지만 입주민이 자유롭게 관리 규약을 제정하도록 유도하며, 주민 대표를 선출하고 정기적인 주민 총회 또는 주민 회의를 갖도록 안내하는 등 지원을 한다. 또한, 입주 직후 주민 모임을 통해 서로 인사하고, 얼굴을 익히며 서로 친해질 수 있는 공동체 프로그램을 진행하기도 한다.

추가 입주 예정 세대는 입주 전 공가(空家)를 둘러본 후 선순위 우선 배정 절차가 진행된다. 호수 배정 후 입주 서약서를 작성하는데, 이때 공동체 생활에 대한 동의서도 함께 작성하여 입주 전 공동체 형성이 원활하게 이루어질 수 있도록 한다.

Part 5 국내 코하우징의 사례

　　　미소주택 제1회 정기 총회가 실시되었을 때는 총회 진행 시 운영 위원회의 역할이 원활하게 이루어지지 않아 다른 입주민으로부터 민원이 제기되기도 하였다. 구청 담당자와 공동체 코디네이터가 정기

그림 5-41 주민 총회와 주민 운영 위원회 선출*

* 사진 출처: SH공동체주택 사례 관리 보고서

총회 당시 상세한 정황 파악을 위하여 입주민 고령자들을 직접 만났으며, 추후 임시 총회를 개최하여 갈등 상황을 해결하기로 하는 등 중재에 나섰다. 소규모 공동주택에서 주민 대표를 선출하고, 자율적으로 주민 운영 위원회를 운영하는 데 경험이 부족했던 점 등으로 고령자들은 입주 초 소소한 갈등을 겪으면서 공동체 주택에 살기 위한 과정을 배우고 익히는 시간을 가지게 되었다. 이러한 과정을 거쳐 총 5명의 주민 운영 위원회가 구성이 되었으며, 관리 규약을 제정하는 과정에서 발생한 오해는 주민 총회를 통해 설명하는 것으로 해소할 수 있었다.

공동 생활과 공동체 활동

입주 후 세대 간 층간 소음 갈등 발생으로 미소주택 내 운영 위원회를 거쳐 안내문을 부착하였으나 층간 소음의 원인을 찾을 수 없는 상황에 부딪혔다. 층간 소음으로 인한 갈등이 지속되어 전 세대를 대상으로 한 층간 소음 관련 공동체 교육이 필요하다고 판단하였으며, 담당 자치구에서는 층간 소음 등 공동 생활 질서 등에 대한 입주민 공동체 교육을 진행하였다.

공동체 교육 진행 전, SH공동체 코디네이터가 '신호등 토크' 프로그램을 진행하여 입주민들의 성향에 대해 알아보고 이해하는 시간을 먼저 가졌다. 입주민들은 '신호등 토크' 활동을 통해 스스로도 몰랐던 자신의 성향을 파악할 수 있었다. 자신에 대해 다른 주민들과 함께 이야기하면서 그동안 서로에게 불편했던 점을 알아가고 이해하며 공동체 생활에 필요한 배려에 대해 배우는 과정을 가질 수 있었다. 이러한 소통의 시간을 통해 층간 소음 교육에서는 층간 소음의 종류 및 사례에 대해 서로의 생각을 나누어보는 시간을 갖고, 층간 소음의 대처 방법과 갈등 상황 대처 방법에 대해 논의하였다. 이 과정에서 서로를 배려하기 위한 방안으로 세탁기 사용 시간을 제한하는 등 층간 소음의 원인이 될 수 있는 행동들에 대해서 서로 조심하도록 주민 스스로 약속하는 모습을 볼 수 있었다.

그림 카드 프로그램은 다양한 그림 카드 중 고령자들은 각자의 마음에 드는 카드를 선택해 대화를 나누는 활동이었다. 카드를 선택하고 난 후 이루어진 고령자들 간 대화는 '맑은 하늘을 보니 미소주택 입주민들과 함께 여행이 가고 싶다', '사람이 많이 모여 있는 그림을 고른 이유는 미소주택 입주민 모두가 서로 배려하고 즐겁게 살았으면 싶어서다', '못난이 삼 형제 인형 그림을 보니 사람이 각자 다르다는 것을 알 수 있고, 하나하나가 사랑스럽다' 등의 표현으로 나타났으며, 이러한 과정을 통해 이웃이란 공동체 의식을 형성하였다.

공동체 활성화의 중요성을 다양한 프로그램을 통해 경험한 후 고령자들은 스스로 2~3개 정도의 소모임을 만들어 자체 활동을 하기 시작하였다. 이들은 소모임을 통해 서로의 생활 이야기를 나눌 수 있었고, 이런 효과에 힘입어 함께 산책을 가거나 소일거리를 하는 등 일상생활의 작은 모임이 활발히 이루어지기 시작하였다. 1층 필로티 옆 작은 공간에 화단 및 연못을 자체적으로 만든 후 번갈아 가면서 관리했고, 자라는 화초를 보면서 뿌듯하고 행복하다는 말을 전했다.

외부 자원 연계를 통해 진행된 공동체 활동 프로그램은 공동체 코디네이터와 지역 복지관에서 파견한 강사 등에 의해 진행되었는데, 다도모임, 옥상 텃밭 동아리, 그림 카드로 이야기 나누기, 성폭력 예방 교육, 건강 강좌, 재난 대비 교육 등이었다.

코로나 19로 인한 사회적 거리 두기 시기에는 커뮤니티실에서 편하게 모임을 할 수 없었다. 대신 소소한 음식을 현관 문고리에 걸어두거나, 마스크를 쓰고 오가면서 서로의 안부를 묻고, 옥상 텃밭에 물을 주면서 간헐적인 소통을 이어갔다. 비대면 시기가 길어지면서부터

그림 5-42 미소주택 입주민 공동체 프로그램*

* 사진 출처: SH공동체주택 사례 관리 보고서

《 2 》시니어 코하우징

는 방역 지침을 준수하는 범위 내에서 소그룹 활동을 하기 시작하였다. 예를 들어, 밑그림을 나누어 각자의 집에서 완성한 후 이어 모아서 하나의 작품으로 만들어 커뮤니티실에 붙이는 등의 비대면 프로그램을 통해 지속적인 소통을 이어갔다.

그림 5-43
코로나 시기
비대면 프로그램,
함께 완성하는
그림 작품

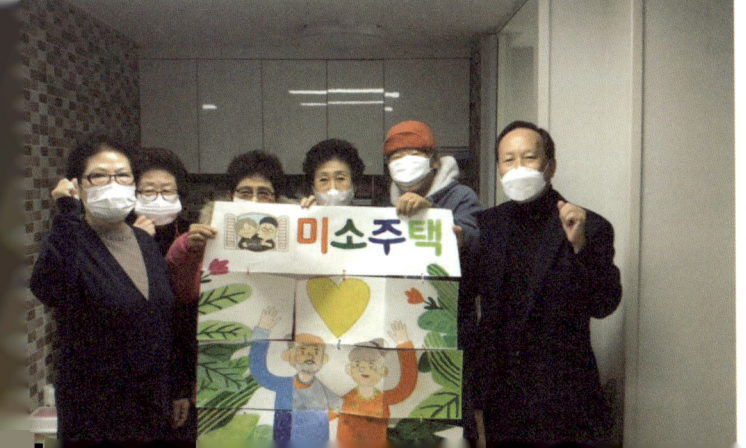

Part 5 국내 코하우징의 사례

주택 관리 규약과 내부 규칙

　　미소주택의 관리 규약은 서울시 공동체주택 관리 규약 표준안을 참고하여, 주민 총회 및 동의 과정을 거쳐 주택에 맞게 수정 보완하여 제정, 개정하였다. 미소주택 관리 규약의 적용 범위는 주민 공동 사용 공간인 커뮤니티실과 공용 운영 창고, 개인 생활공간(전유 공간) 및 그 대지 등의 사용 및 관리에 적용하고 있다. 관리 규약에는 운영 위원회, 공동체 활성화 단체, 커뮤니티 공간, 공용 공간에 대한 정의를 하고 있으며, 주민 조직의 구성과 활동에 대해서도 규정하고 있다.

　　운영 위원회 임원은 회장 1인, 총무 2인으로 구성되며, 각 임원은 주민 총회에서 선출한다. 운영 위원회에서는 커뮤니티실과 공용 공간 등의 사용 세칙을 제안하고, 이를 결정하여 집행하며, 주민 총회에서 의결된 사항에 대해서도 세부안을 결정하고 집행하는 역할을 한다. 이때 각 안에 대해서는 입주민의 의사를 반영하도록 하고 있다.

(2) 시니어 코하우징

그림 5-44 화단 관리를 위한 자치 활동

Part 5 국내 코하우징의 사례

2-2 금천구 홀몸어르신주택 '보린주택'

- 보린함께주택(보린주택 4호) 기준
- 위치: 서울시 금천구 독산로24가길
- 세대수: 16세대
- 건축주 구분: SH공사
- 준공 일자: 2016년 7월
- 건물 개요: 매입 임대주택, 서울시 공영 임대형 공동체주택
- 건축물 용도: 다가구주택

1호점

2호점

3호점

4호점

그림 5-45 보린주택 각 호점별 외관

《 2 》 시니어 코하우징

♬ 금천구 홀몸어르신주택 시리즈

금천구 보린주택은 금천구청과 SH서울주택도시공사, 서울시가 매칭 사업의 일환으로 홀몸어르신에게 공급하는 세대 맞춤형 공영임대형 공동체주택이다. 금천구에는 1인 고령자 가구가 많이 거주하고 있기 때문에 금천구청에서는 취약한 주거에 살고 있는 고령자를 위한 맞춤식 주택을 우선 공급하고자 하였으며, 매칭 사업을 통해 보린주택 1호점에서 6호점까지 공급하였다.

각 주택에는 서울시 공동체주택 지원 조례에서 정하는 커뮤니티실을 만들어 고령자 간 사회적 관계망을 촉진할 수 있도록 계획하였다. 또한, 관리자실을 만들어 금천구 자활 센터와 연계하여 자활 인력을 배치함으로써 고령자의 공동 생활을 지원하고 있다. SH공사에서는 공동체 코디네이터를 파견하여 주민 간 소통 및 공동체 형성을 지원하였으며, 금천구청에서는 봉사단, 병원, 주민센터 등 지역사회 자원 연계를 통해 주택 내 커뮤니티실에서 이·미용, 치매 예방, 건강 관리 프로그램 등이 매월 정기적으로 이루어질 수 있도록 지원하고 있다.

Part 5 국내 코하우징의 사례

⚜ 공간 특성

보린함께주택은 보린주택 4호점에 해당하며, 2016년 6월~7월에 첫 입주가 이루어졌다. 5층짜리 건물의 16세대로 구성되어 있고, 전용면적은 18~23m²로 기초 생활 수급자인 65세 이상 고령자가 입주해 있다.

소형 주택이긴 하지만 고령자 편의를 고려한 시설 및 공간 계획이 반영되어 있다. 1층 주 출입구에는 입주자 전용 현관문이 설치되어 있으며 CCTV를 설치하여 보안을 강화하였다, 1층 필로티에는 주차장과 커뮤니티실, 관리자실이 배치되어 있다. 각 층은 엘리베이터로 이동이 가능하며, 복도에는 핸드 레일을 설치하였으며, 단차를 최소화하여 배리어 프리 barrier free를 적용하였다.

하지만 몇 가지 시설·설비와 관련해서는 고령자 특성상 불편한 것도 있었다. 예를 들어 공용 현관 및 개인 현관에는 모두 디지털 키가 설치되어 있는데, 고령자가 이용하기 어렵거나 익숙하지 않아 불편하다는 의견이 있었다. 또한, 계단 논슬립 부분의 색상이 디딤판과 동일해 디자인적으로는 예쁠지 모르지만, 시력이 나쁜 고령자에게는 가시성이 떨어진다는 지적이 있었다.

《 2 》시니어 코하우징

커뮤니티실 역시, 바닥 난방이 되고 실내에 화장실이 배치된 점은 좋지만 다리가 불편한 고령자는 바닥에 앉고 일어나는 좌식 생활에 어려움이 있어 입식 방식의 소파가 요구되기도 하였다. 더운 여름철에는 커뮤니티실이 더위 쉼터로서 활용되길 기대하지만, 전기를 쓰는 데 익숙하지 않고 에너지 절약이 몸에 배어 에어컨을 잘 쓰지 않는 고령자에게는 여전히 공용 전기료가 부담스럽기만 하다.

그림 5-46
보린함께주택(4호) 외관

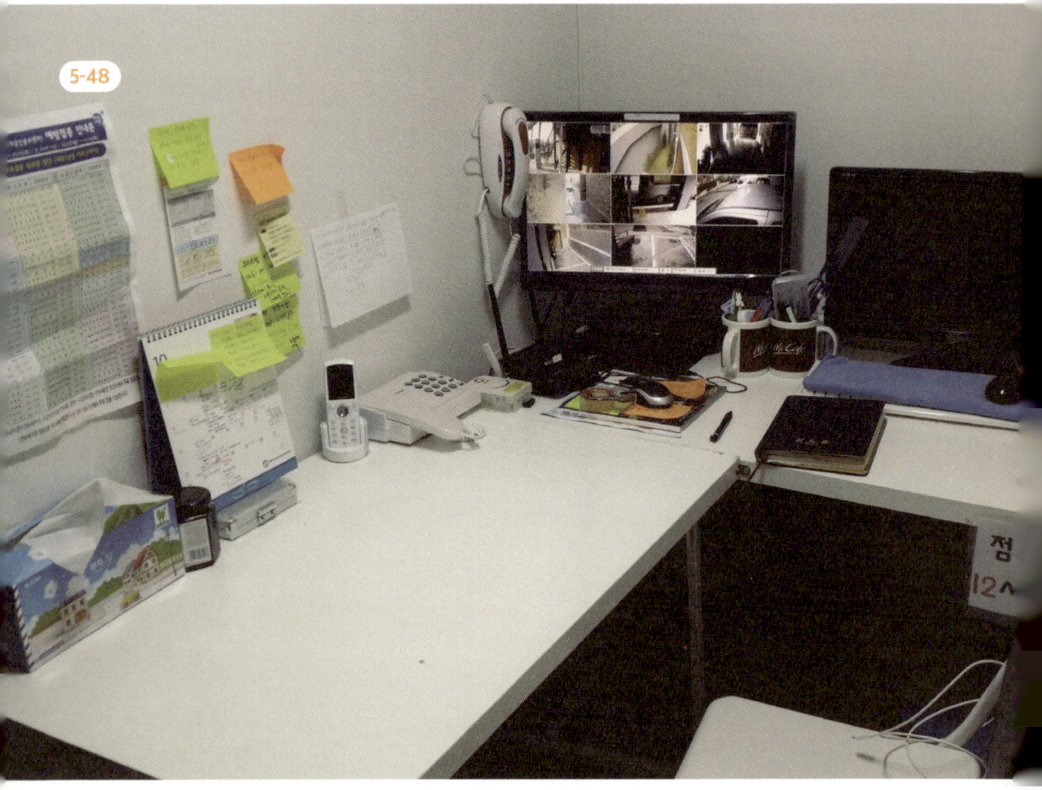

그림 5-47 핸드 레일이 설치된 계단실
그림 5-48 1층 커뮤니티실 옆 소규모 관리자실

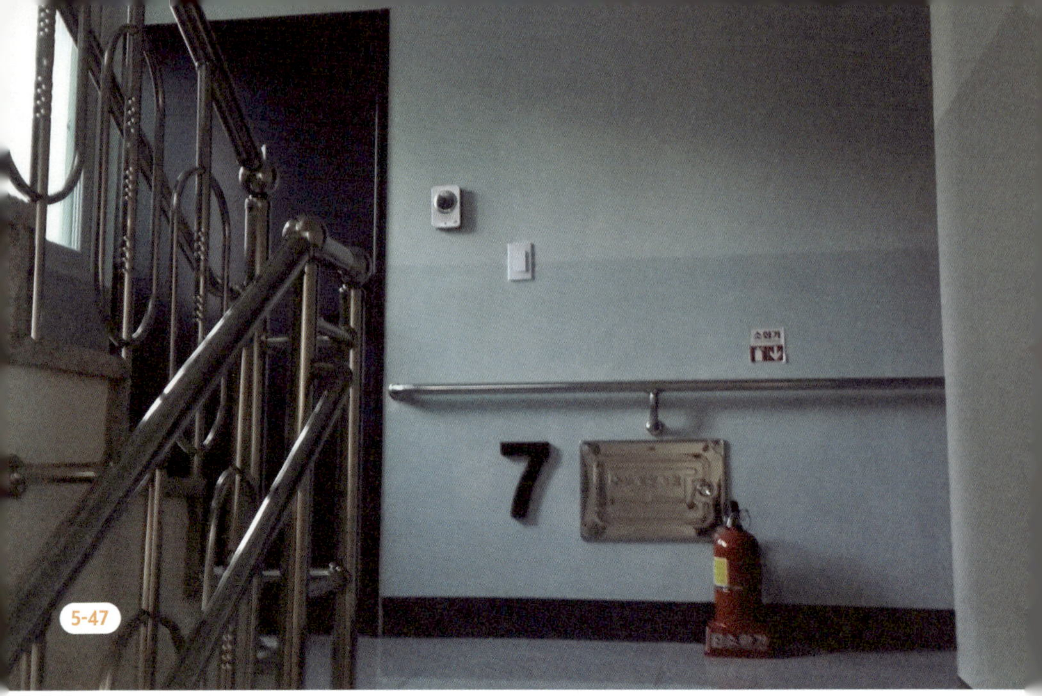

그림 5-49
좌식으로 된 보린함께주택(4호) 1층 커뮤니티실과 내부 탕비실

Part 5 국내 코하우징의 사례

커뮤니티실 옆에는 작은 관리자실이 마련되어 있으며, 고령자의 일상 지원 및 기본적인 주택 관리 등을 지원하는 관리자가 파견되고 있다. 이 관리자는 구청에서 지역 자활 센터와 연계하여 일자리 창출 차원으로 배출된 인력을 활용한 것으로, 주택 관리 등의 전문가는 아니지만 주택 안전 및 병원 외출 지원, 행정 사항 전달 등의 보조 업무를 수행하고 있다.

주택 이름 정하기와 공동체 생활 교육

주택 입주 계약이 완료되면, 구청에서는 입주 예정자에게 입주민 공동체 교육 안내문을 발송하고, 입주민 모두 교육에 참여할 수 있도록 한다. 입주민 공동체 교육은 커뮤니티실에서 이루어지며, 교육은 공동체 코디네이터를 통해 진행된다.

보린주택은 입주민이 주택 이름을 정하도록 하고 있는데, 보린 함께주택은 주민들의 의견을 반영하여 만들어진 이름이다.

공동체 교육은 입주 직후 입주민 전체가 서로 대면하여 인사하는 자리이기도 하여, 간단한 자기소개와 함께 입주민 대표를 선출하고, 각자 주택에 거주하면서 맡을 역할에 대해 논의한다. 공동체 코디네이터는 서울시 공동체주택 관리 규약 표준안에 대해 설명하고, 입주민 특성에 맞게 세부 내용을 정하여 관리 규약을 제정하도록 돕는다.

공동 생활에 대한 교육은 주로 옥상 및 계단, 커뮤니티실 등 공용 공간 사용 수칙, 청소 등 주택 관리 방식, 층간 소음 방지, 갈등이 생겼을 때 해소 방안 등에 대한 내용으로 진행된다.

주민 대표의 선출과 세대별 역할 정하기

공동체주택 관리 규약에 따라 입주민들은 주민 대표를 선출하고 각자 주택을 자치 관리하기 위해 어떠한 역할을 할 것인지 정한다. 입주 후 첫 모임은 서울시에서 파견한 공동체 전문가가 함께 하였는데, 당시 입주민인 고령자들은 주민 회의에 참여하는 것이 대부분 처음이었다고 한다. 그래서 처음 모인 자리에서는 차려진 다과를 선뜻 먹는 것도 어색해했으며, 본인의 생각을 이야기하는 것도 자유롭지 못하여 진행자의 이야기를 주로 듣는 데 그쳤다. 첫 모임에서 서로 이웃임을 확인하였기에 엘리베이터 등에서 마주치면 어색하지만 인사를 나누게 되었으며, 두 번째 주민 모임에서는 보다 자연스럽게 대화에 참여할 수 있었다. 이야기의 주제는 입주 후 불편한 점이나 궁금한 점

등이었기 때문에 모두가 궁금해하는 내용을 중심으로 입주민 회의가 조금씩 이루어져 갔다.

　주민 대표를 선출할 때는 모두 부담을 느껴 선뜻 나서지 못하였으며, 대표라는 말이 왠지 부담스럽고 본인은 자격이 안 될 것 같다는 의견이 있었다. 이에 관리 규약상 용어를 수정하여 '반장'이라는 조금 편한 명칭을 사용하는 것에 대해 모두 동의하였으며, 1인 1 역할을 맡는 데 의견을 모았다.

　입주민 스스로 주택을 관리하기 위해 어떠한 역할이 필요한지 의견을 나눈 결과, 한 남자 고령자는 눈이 오면 미끄러울 텐데 빗자루 등 제설 도구가 있으면 자기가 눈을 치울 수 있다는 말을 하여 청소 반장을 맡기로 하였으며, 다른 입주민은 옥상을 활용해 고추도 말리고 텃밭 가꾸기도 적극적으로 하고 싶다는 의견을 내어 옥상을 관리하는 옥상 반장이란 역할을 맡았다. 또한 위급 시 혹은 관리자 부재 시 연락할 수 있는 연락망 구축이 필요하다는 의견이 제시되었으며, 이에 연락을 맡아 해주는 연락 반장이 선출되었다. 평일에는 관리자가 세대별로 매일 안부를 묻지만, 주말이나 명절 등 관리자가 없을 때에도 서로의 안부를 물을 필요가 있겠다는 의견이 있어서 집집마다 안부를 묻는 역할을 할 안부 인사 반장이 여자와 남자 각 1명씩 선출되었다. 이어 계단, 옥상 난간, 1층 출입문 등 수시로 안전 상태를 점검하는 안전 반장 등 모두 6명의 반장이 선출되었다. 반장의 임기는 1년으로 하며, 모든 입주민이 번갈아 가면서 할 것을 약속하였다. 일상생활 속에서 큰 힘을 들이지 않고 할 수 있는 역할을 찾아내고, 그 역할을 하나씩 맡음으로 인해 공동체에 기여할 수 있다는 점은 입주 초부터 공동체 의식을 형성하는 데 중요한 계기가 되었다.

공동체 활동과 공동 생활에 필요한 프로그램 선택하기

입주한 주민들끼리 공동체 활동을 하는 것이 처음이었기에, 무엇을 해야 할지 입주민 스스로 결정하는 것이 쉽지 않았다. 이에 공동체 전문가는 입주 후 주민들이 불편한 점이 무엇인지 말해보도록 유도하였으며, 그때 각 세대별 현관에 비치된 소화기 문제가 제시되었다. 안건의 주 내용은 현관도 좁은데 그 빨간 소화기를 거기에 꼭 두고 살아야 하느냐, 소화기가 있다 하더라도 쓸 줄도 모르는데 무용지물은 아니냐는 것이었고, 입주민 대부분은 이에 공감하였다. 소화기는 소방법상 세대 내에 비치해야 하기 때문에 치우면 안 된다는 설명이 있었

Part 5 국내 코하우징의 사례

는데, 여기서 첫 공동체 프로그램으로 안전을 위한 교육과 소화기 사용법을 배우면 어떠하겠느냐는 제안이 나왔다. 주택 관리 업체의 도움을 받아 안전 관리와 관련된 프로그램이 커뮤니티실에서 이루어졌으며, 소화기의 중요성과 사용법에 대한 교육을 받은 이후 현관 소화기 설치에 대한 불만은 사라지게 되었다. 또한 주택 내 화재 등 사고 발생 시 엘리베이터가 아닌 계단을 이용해야 한다는 점 등 고령자에게 필요한 안전 대비 사항을 이웃과 함께 들음으로써 주택 내 안전사고 예방에 대한 다짐도 함께 하는 계기가 되었다.

그림 5-50 소화기 사용법 교육

그림 5-51
옥상 상자 텃밭

　보린주택 등 고령자를 위한 주택에서 공동체 활동으로 인기가 있는 것은 옥상의 상자 텃밭 가꾸기이다. 옥상 텃밭을 고려하여 건축 계획 시 옥상의 방수 및 배수 시설, 수도 설치 등이 계획되었기 때문에 주민들이 원할 경우 텃밭을 조성할 수 있었다. 입주민 중 텃밭에 관심이 많은 분이 구청에서 텃밭 상자와 모종 등을 배부하는 행사가 있다는 정보를 알고 이를 활용해 텃밭 가꾸기 활동을 시작하였다.

그림 5-52 빌려 쓸 수 있는 인근의 지역 공유 주방

텃밭에서 생산된 수확물은 각 세대의 식재료로 사용되었으며, 가끔 비빔밥 데이 행사를 통해 텃밭 가꾸기를 하지 않는 세대와 수확물을 나누기도 하였다. 이때 텃밭 수확물이 없는 세대에서는 참기름, 통깨, 고추장 등 각자 집에서 가져올 수 있는 식재료를 보태어 함께 나눔 행사에 참여하는 모습을 보였다. 공동체 코디네이터가 참여한 행사에서는 인근의 지역 공유 주방을 빌려 비빔밥 데이에 사용할 식재료를 다듬고 초벌 준비를 하기 위한 장소로 활용하기도 하였다.

그림 5-53
코디네이터와 함께하는 보린주택 비빔밥 데이

그림 5-54
고령자 취미 활동

주택 관리 규약과 내부 규칙

공동체주택 관리 규약 표준안을 참고하여 만든 보린함께주택 관리 규약에는 공동 생활 질서 및 커뮤니티실 사용 기준, 쓰레기 분리 수거 방법 등 공동 생활에 요구되는 사항이 포함되어 있다. 하지만 관리 규약을 제정한 후 서랍에 넣어놓는다면 입주민들은 무엇을 정했는지 시간이 지나면 잊어버리게 된다. 주민 회의를 거쳐 하나하나 정한 내용이 잘 지켜질 수 있도록 정한 내용을 잘 보이는 곳에 게시하여 항상 지키자는 의견이 모아졌다. 이에 커뮤니티실 사용 수칙과 공동 생활의 질서, 옥상 사용 수칙 등은 글씨를 크게 하여 눈에 잘 띄도록 만들어서 해당 공간에 부착하였다.

Part 5 국내 코하우징의 사례

　　　관리 규약을 제정하면서 정기 주민 회의에는 되도록 꼭 참석하기로 약속하였기에, 빠지지 말고 잘 참석하자는 의미로 결석비를 5,000원으로 정하여 관리 규약에 명기하자는 의견도 받아들여졌다. 그만큼 스스로 정한 약속을 잘 지키자는 입주민의 뜻이 있었으며, 아예 출석표도 만들어서 활용하자는 의견도 있었다. 회의와 교육 등에 꼭 참석하자는 다짐 이후 자유로운 분위기에서 참여가 진행되었고, 이러한 과정에서 이미 공동체 의식이 형성되기 시작하였다.

그림 5-55 보린함께주택 관리 규약

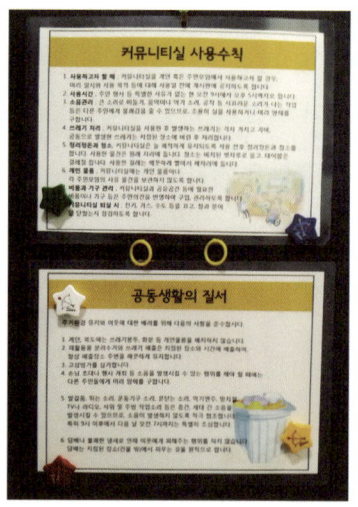

그림 5-56 게시된 공동 생활 수칙

《 2 》시니어 코하우징

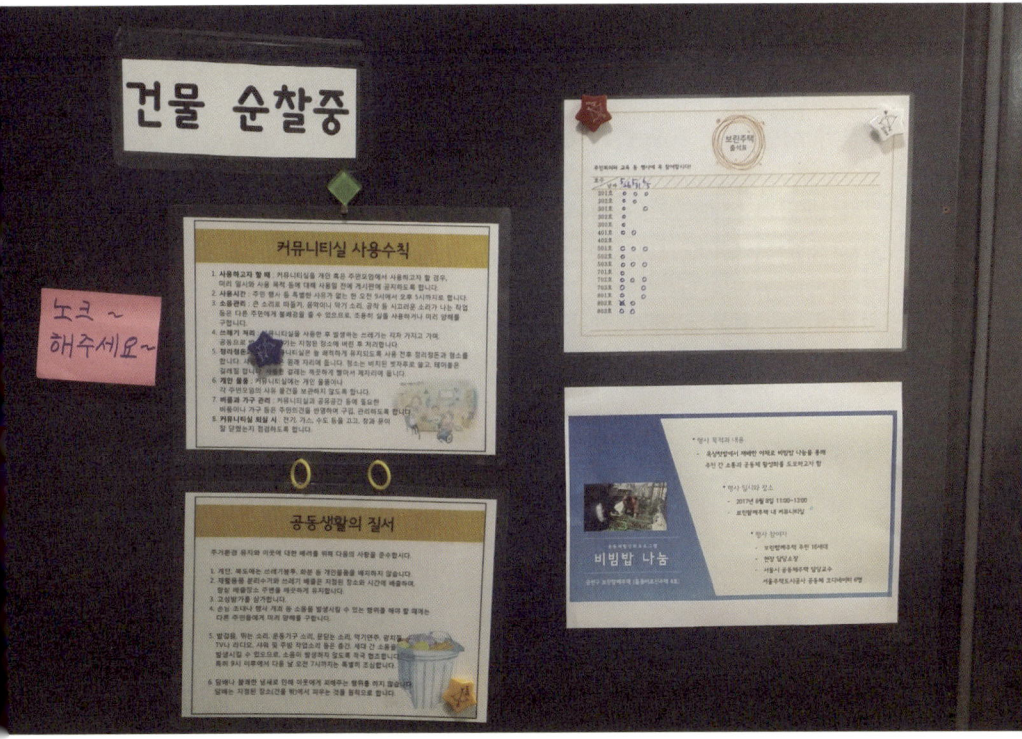

그림 5-57
커뮤니티실 입구에
부착된 홍보물

갈등 발생과 해소

한번은 한 여성 입주민 세대에서 저장용 마늘을 대량으로 사서 다듬게 되었는데, 친한 다른 세대 주민 두 사람이 함께 도와주었다. 고마운 마음에 부침개도 하여 같이 즐거운 시간을 보내기도 하였다. 그런데 그렇게 깐 마늘을 옥상 그늘에 매달아 두었더니, 그 마늘이 감쪽같이 사라지는 문제가 발생하였다. 1층 공동 현관에 설치된 CCTV를 확인한 결과, 외부인이 들어온 적도 없고 입주민 중 누군가가 뭔가를 들고 나간 흔적도 발견되지 않았다. 입주민은 의심이 가는 한 세대를 지목했지만 심증만 있을 뿐 물증은 없었다. 이렇게 서로를 의심하는 흉흉한 분위기가 이어지자 마늘을 잃어버린 입주민은 관리가 소홀했던 자기 탓이니 모두 덮자고 하였고, 주민 회의에서 이러한 이야기를 허심탄회하게 나눔으로써 혹여라도 가져간 입주민이 있다면 반성할 수 있도록 여지를 두었다. 사건이 해결된 것은 아니지만, 이런 대화를 통해 공동체가 깨지지 않도록 배려하는 입주민들의 마음이 서로에게 전달되었으리라 본다.

텃밭을 가꾸면서도 입주민 간 작은 갈등이 발생하기도 하였다. 옥상에 퇴비 만드는 곳에서 가정용 음식물이 부패해서 냄새가 심하게 나거나, 텃밭 상자 위치에 대한 불만이 있기도 하였다. 입주 후 경미한 치매 증상을 보이기 시작한 고령자는 자기 텃밭 상자를 누가 자꾸 건드린다거나, 볕이 좋지 않은 곳에 배치해 놓았다는 등의 불만을 토로하였다. 입주민은 서로의 건강 상태에 대한 이해와 공동체 교육을 통해 서로에 대한 배려를 하기로 약속하였기에, 이러한 불만을 잘 수용하여 원하는 곳에 상자를 이동시켜 주고 텃밭 수확물은 아무도 건드리지 않는다고 재차 안심시키는 등 노력을 하였다.

보린주택은 독립적인 생활이 가능한 고령자를 위한 주택이기 때문에 치매 증상이 심해지거나 병원 치료 등이 요구될 정도로 건강이 악화되어 혼자 생활하기 어려워지게 되면 퇴거를 해야 한다. 보린주택 등 고령자 맞춤식 주택에는 의료 서비스가 함께 제공되지는 않기 때문에 지속 가능한 거주를 위한 주거 서비스의 모색이 필요해 보인다.

주차장을 활용한 잡수입 확보 및 활용

보린주택 등 공영 임대형 공동체주택에는 주차장이 설치되어 있는데, 고령자 가구 등 차량이 없는 주택의 경우, 주차장은 지역 주민에서 정기 주차비를 받고 임대함으로써 소정의 잡수입을 얻기도 한다.

주차장은 SH공사의 자산이기 때문에 지역 주민에게 유료로 개방하기 위해서는 SH공사 지역 센터에 승인 절차를 거치게 된다. 주차장 청소 및 소모성 물품의 교체 등 관리는 입주민 책임하에 이루어지기 때문에, 주차비로 인한 잡수입으로 공용 부분의 전기료 및 소모품비를 충당거나 공동체 활성화를 위한 공용 비용으로 사용하기도 한다. 입주민에 의해 관리가 어려운 공동체주택 주차장은 시설관리공단에 관리를 의뢰하는 등 지역별로 주택 특성에 맞게 운영, 관리하고 있다.

《 2 》 시니어 코하우징

2-3 일자리 연계형 고령자주택 '해심당'

- 위치: 서울시 도봉구 시루봉로15나길 11
- 세대수: 21세대
- 건축주 구분: LH공사(어르신공동체 사회주택)
- 입주 시기: 2021년 5월
- 건물 개요: 1개 동
  - 토지 면적 665.70㎡, 건축면적 356.65㎡, 연면적 1,488.75㎡
  - 평형: 1인 가구용 전용면적 29㎡~32㎡, 부부형 전용면적 37㎡~42㎡
  - 커뮤니티 시설: 옥상 키친 가든, 1층 카페 향, 층별 공동 거실, 복도 내 커뮤니티 공간 등
- 건축물 용도: 연립주택

✎ 주택 공급 취지 및 특징

서울시 도봉구에 위치한 해심당은 LH공사와 도봉구청, 사회단체가 협업해서 만든 노인 공동체주택이다. 골목에 위치한 기존 노후주택을 LH공사에서 매입하여 철거한 후 신축한 주택이다. 고령자가 살던 지역에서 지속 가능하게 건강한 노후를 보낼 수 있도록 주거를 제공하고, 지역사회에도 기여함으로써 사회적 가치 창출에 기여하고자 특화된 매입 임대주택으로 제공되었다.

최초 입주는 2021년 시작되었으며, 지상 4층 건물로 세대별 면적은 1인 가구용의 경우 전용면적 29㎡에서 32㎡이고, 부부형은 전용면적 37㎡에서 42㎡이다. 임대료는 주변 시세의 50% 이하로 정해져 있는데, 보증금 800만 원에 월 임대료는 30~40만 원 정도이다. 거주 기간은 입주 자격에 변동이 없으면 재계약을 통해 최대 20년까지 살 수 있다.

입주 자격은 65세 이상 무주택자로서, 공영 임대주택 입주 기준에 따라 심사를 거쳐 선정 후 입주할 수 있다. 고령자 1인 가구뿐만 아니라 고령자 부부형 세대도 공급되어 있다.

전체 입주 세대는 25세대이며 형태별로는 1인 가구 17세대, 부부 가구 4세대이다. 이 중 여성 고령자들이 1층과 2층, 그리고 3층의 3세대를 사용하며 나머지는 남성 고령자들이 입주해 있다. 1층의 한 세대는 장애인 가구이며, 전 세대의 평균 연령은 70대 후반이다.

주택의 시설 및 커뮤니티 관리는 민간의 주택협동조합에 위탁하고 있으며, 유니버설하우징 협동조합에서 운영 중에 있다. 관리 인력은 2명으로 본부장은 기본적인 시설 관리와 커뮤니티 관리를 담당하고, 임대 팀장이 계약 관리를 담당하고 있다. 건축물 및 시설의 유지 관리 및 보수는 LH공사에서 맡고 있다.

그림 5-58
해심당 외관과 1층 카페 향 입구

그림 5-59
2층 복도(상)와 3층 복도(하).
각 층마다 복도 색을 달리하여 가시성이 높으며
노인을 위한 핸드 레일과 간의 의자가 마련되어 있다.

《 2 》 시니어 코하우징

🏠 공간 계획 및 디자인 특성

이 주택은 노인 친화형 주택으로 설계되었는데, 공용 공간 및 세대 내부는 모두 배리어 프리 barrier free 디자인으로 설계되어 있다. 복도 등 모든 공간에는 턱이 없으며, 계단 및 벽면에는 핸드 레일 hand rail 을 설치하여 이동 시 도움을 주고자 하였다. 9평 규모의 방에는 휠체어가 들어갈 수 있도록 화장실을 넓게 만들었으며, 모든 방에는 베란다를 두어 외부로의 공간을 확장하였다.

그림 5-60 개별 호실 앞 모임 공간

Part 5 국내 코하우징의 사례

1층의 한 세대에는 장애인 가구가 입주해 있는데, 실내에서도 휠체어 사용이 용이하도록 설계하였다. 4층에 입주한 부부 가구도 여성 고령자가 휠체어를 사용하였다.

그림 5-61 4층의 커뮤니티 공간과 외부 테라스

해심당에서의 삶과 공동체

초기 입주자 25명 중 절반은 거동이 불편한 고령자여서 집으로 요양 보호사가 오기도 하지만, 이웃끼리 서로 도우면서 의지해 살고 있다.

해심당 관리를 담당하는 한 관리자는 "한국에서는 질병이 있는 노인들이 대부분 병원이나 의료 시설로 가지만, 노인 맞춤형으로 설계된 해심당에서는 간병인만 있다면 일상생활에 무리가 없다"라고 하였으며, "평생 이 지역에서 사시던 어르신들도 건강 상태가 나빠지기 전까지는 최대한 살던 집에서 머물고 싶어 하신다"라고 말했다(부산일보, 2023. 02. 21. 기사). 실제 입주 후 1년 뒤에 이곳에서 여생을 보내던 고령자 2명이 생의 마지막을 이곳에서 맞이하였다.

해심당에 입주한 어느 고령자 이야기

남편의 사업 실패와 갑작스러운 사별 이후 혼자 반지하 방에서 살던 이 씨 할머니는 우울증과 무력감에 시달리며 힘들게 하루하루를 보내다가 구청 상담을 통해 해심당을 알게 되었다.

50여 년을 도봉구에서 살았던 할머니는 마음의 고향인 도봉구에서 노년을 보내고 싶다고 생각했다. 20년을 넘게 다른 동네를 떠돌다가 다시 도봉구의 해심당에 입주한 날, 반가운 얼굴을 알아본 이웃들은 찐 고구마와 옥수수를 들고 와서 그를 반겼다. 이 씨 할머니는 다시 고향에 돌아온 듯 마음이 안심이 되고, 여기가 죽을 때까지 내가 살 집이로구나라고 생각했다. 입주를 몇 개월 앞둔 동안에도 매일 뱀이 나오는 등 악몽을 꾸었는데, 해심당에 입주하고 나서 더 이상 꿈도 꾸지 않고 마음의 병도 서서히 치유되고 있다.

임대료 38만 원에 관리비 5만 원, 그밖에 전기와 수도 요금을 매월 납부해야 하는 것이 부담이어서 생활비를 어떻게 감당해야 하나 걱정이 되었다. 다행히 인터넷 교육 과정을 통해 바리스타 자격증을 취득했고, 고령자 일자리 차원에서 마련된 해심당 1층 카페 향에서 파트타임으로 바리스타 일을 하게 되었다. 일자리는 경제적 어려움을 해결해 주었고, 카페 손님과 찾아오는 이웃들로 인해 사는 재미를 느낀다고 하였다. 일을 하게 되면서 화장도 하고, 예쁜 옷도 사 입을 수 있어서 삶의 활력이 생기게 되었다. 해심당에서는 주민을 대표해 총무 역할을 맡게 되었는데, 공동체 생활에 대한 경험이 없다 보니 처음엔 무엇을 해야 할지 몰랐다. 마침 옥상 텃밭을 중심으로 주민 간 소통을 이어나갈 수 있었는데, 텃밭에서 키운 상추 등 야채를 가지고 주민끼리 비빔밥이나 삼겹살을 같이 먹기도 한다. 물론 살면서 이웃 간에 갈등도 있다. 하지만 이곳에 계속 살면서 입주민들과 서로 소통하며 즐겁게 사는 것이 이 씨 할머니의 소박한 희망이다.

2022년 이 씨 할머니와의 인터뷰 내용 중 일부

《 2 》시니어 코하우징

♪ 고령자 일자리 창출과 연계된 지역사회와의 소통

해심당 1층에 위치한 카페 향은 어르신 일자리 지원 사업 사업과 연계되어 운영되고 있다. 도봉구 시니어클럽과 연계로 바리스타 교육을 받은 고령자들에게 카페에서 파트타임으로 일할 수 있는 기회가 제공되었으며, 해심당 입주민 중에서도 교육 과정을 거쳐 일자리를 얻어 삶의 활력을 찾은 사례가 있다.

해심당에서 주민 총무를 맡고 있는 할머니는 이 주택에 입주하면서 경제적 활동과 함께 심리적 건강도 되찾게 되어 하루하루 즐거운 생활을 하고 있다고 인터뷰를 통해 밝혔다. 물론 입주민 모두가 참여하고 지지하는 것은 아니지만, 이 공간을 통해 지역사회와의 소통과 고령자 일거리 창출의 가능성을 보여준 사례라 할 수 있다.

물론, 지역 주민과의 마찰이 없었던 것은 아니다. 신축 시 뒤쪽 주택에서 해심당 건설로 피해를 많이 봤다고 주장하는 등 지역 주민의 민원이 있었다. 입주 후에도 옥상에 전구를 켜놓는 것에 대한 민원이 있어 현재는 끄고 있으며, 옥상에 차면 시설 설치 요구가 있기도 하였다. 옥상 식물들로 인해 시야가 차단이 된다고 반대편 건물에서 민원이 들어오는 등 지역 주민과의 크고 작은 갈등은 계속 발생되었다. 신축 건물이 들어와서 불편한 점도 있거니와 공영 임대주택이라는 점도 민원을 유발시키는 데 작용하였으리라 짐작된다.

그림 5-62 1층 카페 향 내부

그림 5-63 옥상 정원의 키친 가든

《 3 》 전원형 코하우징

《 3 》
전원형 코하우징

3-1 귀농·귀촌 친환경 공동체 '백화마을'

- 위치: 충청북도 영동군 황간면 우매리
- 세대수: 총 40세대
- 건축주 구분: 개인 소유 / 소유 형태: 자가 소유
- 준공 일자: 2012년 8월(공사 기간 1년 7개월)
- 건물 개요: 대지 면적 103,537㎡, 건축면적 31,117㎡
  - 개인 주택: 2호 연립주택, 목구조 + 황토 건축
  - 공동 생활 시설: 청소년문화의 집(680㎡ 교육 문화시설 2층 건물), 마을 숲(72,420㎡), 백화마당
- 건축: 민들레 코하우징

조합 결성과 건축 개발 과정

백화마을은 주민 주도형의 공동체마을로 농림수산식품부가 기반 조성 시설을 지원하고 지자체가 협력해서 만든 시범적인 계획 공동

Part 5 국내 코하우징의 사례

그림 5-64 백화마을 전경

그림 5-65 백화마을 입구

체 마을이다. 특히 주민 참여 디자인을 통해 주민 공동 생활 시설을 계획하였으며 다양한 방법으로 마을 조성 전반적인 과정에 주민 참여가 이루어진 것이 특징이다. 지금까지 한국에 조성된 초창기 공동체 마을 중 코하우징의 특성이 비교적 잘 드러나는 곳이며, 현재 약 10년이 넘도록 공동체 생활이 잘 정착되어 있는 모범적인 마을이다.

　　백화마을은 총 40세대의 전원형 코하우징으로, 2008년 입주를 희망하는 사람들이 모이면서 처음 시작되었다. 주로 한겨레신문 구독자를 중심으로 입주 희망자 모집 홍보를 시행했는데, 그런 이유에서인지 80년대 시민 활동 참여자들이 구성원의 주축을 이루었다. 백화마을 조성 시 30~50세대를 기준으로 전체 소요 비용 15억 원 중에서 농림부에서 70%, 지자체에서 30%를 지원해 주는 귀농·귀촌 사업의 보조를 받았고 정부에서 요구하는 일정 기준이 있어 이를 맞추면서 진행해야 했으므로 '민들레 코하우징'이라는 전문 업체가 이를 도왔다.

정부에서 지원한 금액은 거의 대부분 지반 조성비로 사용되었다. 2008년 사업 대상지를 확보한 이후 입주까지 건축 기간은 총 4년 정도가 걸려서 2012년에 입주하였다.

대부분의 주민 구성은 세대 통합형으로 어린아이부터 나이 든 어르신들까지 거의 모든 세대가 함께 거주하는 마을이다. 마을 결성 초기 구성원은 주로 초등학생 자녀를 둔 30~40대 가정이나 50~60대 귀농·귀촌을 희망하는 가정으로 이루어졌다. 30~40대 가정은 자녀에게 자연과 함께하는 좋은 환경을 제공하고자 하는 목적이 컸고, 50~60대 가정은 귀농·귀촌을 꿈꾸는 사람들로 그 입주 동기가 분명

Part 5 국내 코하우징의 사례

하였다.

주민들의 직업을 살펴보면 남성은 주로 일반 기업 및 공기업 직장인, 자영업자, 교사이고 여성은 전업주부, 교사, 자영업자, 공기업 직장인으로 이루어져 있다. 전체 주민 수는 약 120명 정도이다.

마을 설립과 진행 과정은 거주 희망자들이 모여 조합을 결성하고 민들레 코하우징의 협력으로 진행되었다. 모든 진행 과정은 주민 주도의 참여를 바탕으로 이루어졌고 구체적인 진행 과정은 아래와 같다.

표 5-1 백화마을 설립 과정

시기		내용
2007년	9월	사업 예상 대상지 조사(무주, 금산, 영동)
2008년	6월 12월	사업 대상지 확보 (계약) 영동군에 귀농·귀촌 전원 마을 조성 계획안 접수
2009년	2월 6월 10월 12월	전원마을 조성 사업 기본 계획 수립 사업(예산) 신청 마을 정비 구역 지정 승인 신청 예산 편성 및 사업 대상지 선정
2010년	3월 5월 6월 12월	마을 정비 구역 지정 및 고시 세부 설계 및 시행 계획 수립 사업 시행 인가 건설을 위한 대지 정리 작업
2011년	1월 9월	건설자 계약 및 착공식 마을 정비 조합 설립 인가
2012년	2월 8월	입주 및 마을 운영 완공
2013년	3월	마을 정비 조합 해산

《 3 》전원형 코하우징

　　　　백화마을 설립 과정에서의 주민 참여는 크게 네 가지의 방법으로 진행되었다.

　　　　첫 번째 방법은 '두꺼비 학교'이다. 이는 마을 만들기를 진행하면서 입주자 교육으로 하게 된 준비 학교였다. 총 16회의 '두꺼비 학교'를 진행하며 코하우징과 공동체에 대해 전문가들을 모시고 수차례의 교육들이 이루어졌다. 모임과 교육을 통해 공동체 생활을 준비하기도 하였지만 동시에 서로를 알아가는 귀한 시간이 되기도 했다.

　　　　두 번째 방법은 주민 자치회이다. 입주 전부터 마을 대표자 모임을 조직하였고 마을 정비 조합, 마을 추진 위원장 및 위원회 조직을 통하여 주민들 간의 의사소통의 통로를 마련하였다. 모든 의사 결정과 의사소통은 정기적인 회의와 활발한 주민 자치회의 모임 등을 통해 자연스럽게 진행되었다.

　　　　세 번째 방법은 공동체 신문이다. 민들레 코하우징 회사의 도움하에 주민들의 삶과 이야기를 담은 마을 소식지를 정기적으로 발간하였다. 마을이 지어지기까지 총 10편의 마을 소식지를 발간하였다.

　　　　네 번째 방법은 주민 참여 디자인이다. 마을 입구에 위치한 공동 생활 시설 공간을 위해 모든 주민들이 함께 참여하여 의견을 취합

Part 5 국내 코하우징의 사례

하고 공동체 생활을 함께 나눌 수 있는 공간을 만들고자 직접 참여하는 워크숍을 진행하였다. 전문가의 도움을 받아 총 2번의 모임을 통해 2차례의 주민 참여 디자인 워크숍 실시하였으며 공동 생활 시설의 계획과 디자인에 주민들의 의견을 직접 반영하여 주민들과 함께 설계하였다.

그림 5-66
백화마을 소식지와
주민 참여 과정에 관한 기사

그림 5-67 백화마을 단지 배치도와 마을 전경 조감도*

* 출처: www.beakhwa.co.kr, http://cafe.naver.com/beakwha

Part 5 국내 코하우징의 사례

🔖 공간 특성

백화마을은 충북 황간면 우매리에 위치한 조용하고 평화로운 시골 지역에 위치하고 있으며 전 국토의 중간에 위치하여 전국 어디로든 이동이 용이한 위치에 자리 잡고 있다. 대지가 약간의 경사지이기 때문에 마을의 개별 집들이 경사로를 따라 줄지어 있어 모든 주택의 전망이 좋은 것이 특징이다. 특별히 31,320평의 부지 중 30%(9,320평)에 해당하는 면적만 주택과 공동체 시설을 짓는 영역으로 사용하고, 나머지 70%(22,000평)는 마을 숲으로 그대로 두어 친환경적인 마을을 만들고자 하였다.

그림 5-68
공동 생활 시설 /청소년문화의 집

그림 5-69
청소년문화의 집 전면 발코니

그림 5-70 공동 식당

그림 5-71 공동 부엌 내부

Part 5 국내 코하우징의 사례

　　마을 입구에 '청소년문화의 집'이라 명명한 공동체 시설 건물이 독립적으로 배치되어 있으며 개별 주택들은 중앙의 마당을 중심으로 군집해 있다. 청소년문화의 집은 교육 문화시설로 200평 규모의 2층 건물이며, 그 규모가 크기 때문에 백화마을 주민들이 공동체 생활시설로 이용하는 동시에 근처 마을의 이웃들에게도 개방하여 기존의 마을과도 연계할 수 있다.

　　개별주택은 친환경과 에너지 지속 가능성을 고려하여 단독주택이 아닌 2호 연립으로 지어졌으며 건축 재료도 목구조에 황토를 사용하였다. 총 세대수는 40가구이며 가족 구성의 다양성을 포용하기 위해 4가지 다른 크기와 단층과 복층의 2가지 타입으로 지어졌다. 건축비를 절감하기 위해 주택 유형을 표준화하면서도 다양성을 함께 추구한 점이 긍정적이다. 주택의 평면 유형은 아래 표와 같다.

표 5-2 백화마을 주택 평면 유형

유형	단층	복층
35평형	35A type: 5가구	35B Type: 7가구
31평형	31A type: 4가구	31B type: 6가구
25평형	25A Type: 4가구	25B type: 2가구
19평형	19A type: 6가구	19A type: 6가구

《 3 》 전원형 코하우징

그림 5-72 경사로를 따라 배치된 개별주택 전경

주민 구성과 공동 생활

백화마을은 아직 한국에 코하우징이라는 계획 공동체 주거 형태가 일반적이지 않던 시기에 시도된 초창기 사례 중 하나이다. 그래서 모집 대상자에 대한 조건이 전혀 없었고 관심의 대상자들도 다양했으므로 연령대가 다양한 거주자들이 모이게 되었다. 거주자들은 30대~60대로 젊은 세대의 어린이부터 청소년, 중장년, 노인 세대까지 모든 세대가 함께 사는 마을이 되었다. 마을이 지어진 지 어언 10년 이상이

흘러 현재는 아기였던 아이들이 초등학생이 되었지만, 현재까지도 다양한 세대가 함께 사는 마을이라는 특징을 잘 이어오고 있다.

그동안 주민의 이동을 살펴보면 현재 2/3 정도는 초창기 멤버들이고 나머지 1/3 정도는 새로 이사 온 세대로 이루어져 있다. 따라서 기존의 멤버들이 마을의 중추를 이루어 초창기의 이념을 유지하면서도 약간의 새로운 멤버들이 공동체에 활력을 불어넣어 주는 이점이 있다.

백화마을에서 이루어지는 공동 활동은 아래와 같다.
- 마을 및 회관 청소: 월 1회, 청소 후에 회식
- 주민 공동 식사: 처음 3~4년 차에는 주 1회 시행했으나 현재는 계절별로 4~5회 정도, 부정기적(주민 회의 때)
- 마을 운동장 만들기, 운동기구 설치, 마을 가로수 조성
- 카풀 제도(교통 쿠폰), 봉사 스티커
- 마을 식당, 백화 매점 - 주민에게 임대
- 게스트룸, 교육문화회관 이용 및 대관
- 나눔 장터(공동 구매), 도서관 운영, 족구 동호회

- 마을 카페 '휴' 2013년 4월 오픈
- 부녀회 운영 그린 에너지 체험 마을 조성 계획을 위한 마을 주민 워크숍
- 마을 공동문화 조성: 기존의 이웃주민과 함께
- 동아리: 방송, 댄스, 도자기, 목공, 기타, 사진, 스토리텔링, 어울림, 리코더 합주단, 해금, 짚공예, 요리 등

위와 같이 백화마을에서는 다양한 마을 모임 및 공동 활동이 활발하게 이루어지는 편이다. 코로나 19 시기에는 많이 줄어들기도 했지만, 현재는 예전의 활동들이 재개되고 있다. 현재 마을 전체 모임은 1년에 한 번 시행하고 있으며 6명의 운영 위원회는 한 달에 한 번 회의를 진행하고 있다. 그리고 마을 전체 행사로 1년에 4번 정도 4계절 축제를 진행하고 있다. 예를 들면, 연초에 설날과 대보름 행사, 여름 물놀이 행사, 봄·가을 이벤트로 여행이나 마을 축제를 개최하고, 겨울에는 주민 장기자랑 같은 행사를 진행하고 있다. 공동 식사는 처음에는 규칙적으로 하려고 하였으나 무임승차자가 많고 할 일이 많아져 점점 줄어들게 되었다. 그러나 1년에 4번 하는 마을 전체 행사에서는 꼭

Part 5 국내 코하우징의 사례

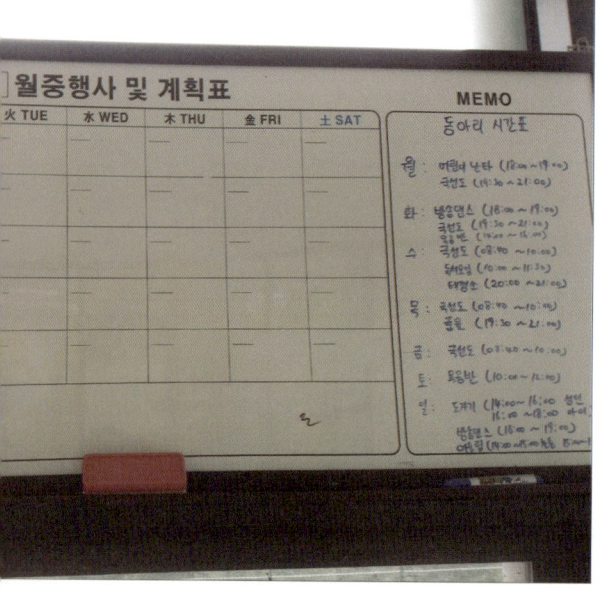

그림 5-73
공동 생활 시설에 있는 동아리 활동 스케줄 안내판

그림 5-74
카카오톡 마을 단체방*

함께 공동 식사를 하고 있으며 나머지의 경우는 개별적으로 마음에 맞는 사람들끼리 소모임으로 하기도 하며 자연스럽게 이루어지고 있다.
　현재 마을 전체의 소통은 마을 단체 카카오톡을 통해 진행되고,

* 사진 출처: 민들레 코하우징 이종혁 소장

이를 통해 부정기적인 소모임이나 공동 식사 활동들이 이루어지고 있다.

마을 주민 중에 사회복지사가 6명이나 있어서 앞으로는 공동 생활 시설을 이용하여 일자리를 창출하고, 요양원처럼 어르신들을 모시는 곳으로 활용하려는 계획을 하고 있다. 그 외에도 백화마을 주민뿐 아니라 외부의 이웃 주민들과 공동으로 시행하는 지역 사업에 참여하려 한다. 6년 전 가톨릭 교회에서 환경상 공모가 있었는데 백화마을에 가톨릭 신자들이 많아서 공모에 지원하였고 그 결과 500만 원의 대상을 받게 되었다. 그 상금으로 텃밭을 만들고 공동 냉장고를 구입하여 텃밭에서 나는 야채를 냉장고에 넣어두고 주민들이 자유롭게 가져다 먹도록 하고 있다.

공동체 생활을 10년 이상 해오다 보니 리더 그룹의 중요성이 대두된다. 코하우징 특성상 수직적 조직이 아닌 수평적 조직이지만 그럼에도 불구하고 좀 더 적극적이고 건강하며 참여도가 높은 6~7세대 정도의 리더 그룹의 활동이 매우 중요하다는 것을 알게 되었다.

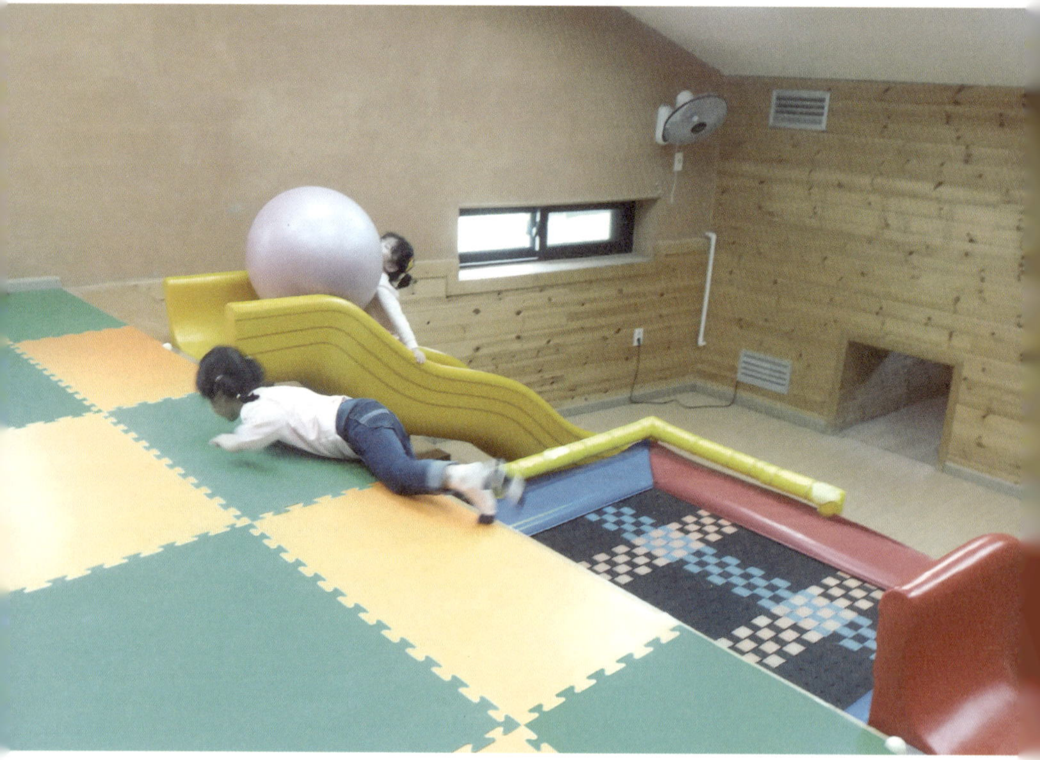

그림 5-75 공동 생활 시설 내에 있는 아나바다 물품 교환 장소
그림 5-76 아이들의 공동 놀이 공간

《 3 》전원형 코하우징

♂ 의사 결정 및 주거 관리

마을 설립 초창기에는 의사 결정이 힘들었으나 이제는 어느 정도 만장일치제가 자리를 잡았다. 만장일치제는 설득이 전제가 되어야 하고 명분, 절차, 실행 후 토론과 여론조사를 통하여 서로 합의를 이루는 과정이다. 하나의 예를 들자면, 초기에 마을의 물 공급은 지하수였다. 수질도 좋고 그 당시로서는 아무 문제가 없었다. 그러나 몇 년 전 지자체에서 무료로 마을에 수도를 설치하여 준다고 했을 때 찬반 토론이 이어졌다. 지금은 별다른 문제가 없지만 향후 물 부족 사태가 날 수도 있고 천연 지하수를 보호하자는 차원에서 설득이 이루어진 결과, 만장일치로 의견이 모아져 마을에 수도를 놓게 되었다.

이제 10년 이상이 되다 보니 주민 간의 갈등 해결 방법은 어느 정도 자연스럽게 익숙해졌다. 주택 유형이 2호 연립이므로 옆집과의 갈등이 생기고 이러한 옆집과의 갈등은 초기부터 지금까지 소소하게 끊이지 않고 있다. 처음에는 주민들이 마을 위원회에 갈등 해결 및 소통을 요구하여 위원회가 나서서 해결에 도움을 주고자 했으나 점점 민원을 청구하는 방향으로 진행되고 개인 간의 갈등이 위원회와 개인의 갈등으로 전체적으로 확대되어 이제는 당사자들끼리 해결하도록 하는 편이다.

　　마을 관리를 위한 공공 비용은 세대당 월 3만 원을 지불한다. 마을 입주 초창기부터 공공 비용으로 모아오고 있으며 1년에 한 번 주민 총회 때 사용 내역을 공지한다. 초창기에는 마을 공동 생활 시설이 주민 수에 비해 너무 커서 공동 전기료로 거의 다 사용하였으나, 현재는 태양광 집열기를 설치하여 전기료가 감소하였고 남은 비용은 공동 기금으로 운용하고 있다. 마을과 공동회관의 관리는 전체 주민들이 한 달에 한 번씩 모여서 청소와 유지 관리를 함께 하고 있으며 1년에 한 번 정도 전체 대청소를 한다.

《 3 》 전원형 코하우징

3-2 함께 꿈을 꾸는 공동체 '강화바람언덕'

- 위치: 인천광역시 강화군 양도면 능내리 209
- 세대수: 총 12세대(1세대 미분양)
- 건축주 구분: 개인 주택 - 개인 자가 소유
  공동 생활 시설 - 강화바람언덕(주)(입주자 출자법인)
- 준공 일자: 2022년 4월(공사 기간 1년 1개월)
- 건물 개요: 대지 면적 5,762㎡, 건축 연면적 1,227.36㎡
  - 주택 유형: 단지형 다세대주택 5개 동 12세대
  - 주택 구조: 1층 스틸하우스 구조(한 동만 2층 철근콘크리트)
  - 공동 생활 시설: 자람 마을도서관(1종 근린생활시설 1동), 마을 광장, 공용 주차장
- 건축 설계: 인터커드 건축사 사무소
  개발 건축 시행사: 아틀리에건설

조합 결성과 건축 개발 과정

강화도 양도면에 설립된 '강화바람언덕' 공동체주택은 2022년 4월에 입주한 마을로 전체 12가구로 구성되어 있다.

이 마을의 처음 시작은 산마을고등학교의 몇몇 학부형들과 진강산마을 교육 공동체를 중심으로 2016년 12월에 결집된 '공동체주택을 꿈꾸는 사람들'의 모임에서 비롯되었다. 학교와 교육 공동체에 소

그림 5-77 강화바람언덕 공동체주택 입구

속되어 있는 멤버들은 약 20~30가구 정도였는데 이 중 적극적이고 진취적인 3가구가 주체가 되어 실질적인 공동체 마을 만들기를 시작하게 되었다. 이 시기에는 주거 공동체에 대한 지식과 경험이 풍부한 유상용 님과 입주자 대표인 여환걸 님의 헌신적인 노력이 있었다. 구체적인 사업 추진은 국내 공동체주택의 설립에 경험이 많은 '하우징쿱 주택협동조합'의 기노채 대표와 연결하여 2018년에 시작되었다.

　　2017년 2월부터 시작된 부지 물색은 2019년 2월까지 계속되었으며, 강화도 양도면 삼흥리, 능내리 등, 인근의 많은 부지에 대한 인허가 가능성 및 사업성을 검토하였다. 동시에 예비 입주자들을 대상으로 2018년 협동조합형 공유주택과 하우징쿱 주택협동조합의 공동체주택 공급 사례 등을 포함한 마을공동체 교육을 실시하였다.

《 3 》전원형 코하우징

　　입주자는 강화 진강산 마을교육 공동체와 산마을고등학교 학부모를 중심으로 관심 있는 사람들을 모집하고 한국주택도시 협동조합 연합회 주최로 서울 지역과 강화도 귀촌자들을 대상으로 공개 모집하였다. 이때, 입주자 구성은 은퇴 세대 중심이 아닌 다양한 세대(세대 믹스)를 지향하기로 했으며, 세컨드 하우스 사용을 배제하고 실거주자를 대상으로 입주자를 모집하였다. 또한, 입주자들의 지인을 통한 홍보를 병행하여 개인 SNS(페이스북, 블로그) 및 하우징쿱 주택협동조합 카페를 통해서도 모집하였다. 그러나 정부의 다주택자에 대한 불이익 정책의 확대로 입주자 모집에 어려움을 겪었다.

　　마침내 2019년 2월에 능내리 사업 부지 계약을 시작으로 동년 3월에 기획 설계에 착수하였다. 설계사무소는 인터커드 건축사사무소로 확정되었고 동년 4월~5월에 걸쳐 사업 관리사인 한국주택도시 협동조합 연합회 주최로 4차에 걸친 입주 설명회를 개최하였다. 이 결과 입주자 8가구를 확정하였고 2가구는 미분양으로 남았다.

　　법인 설립은 2019년 8월에 입주자 토론회를 거쳐 ㈜강화바람언덕으로 결정하였고, 이어서 강화바람언덕 공동체주택 기본 계획안

Part 5 국내 코하우징의 사례

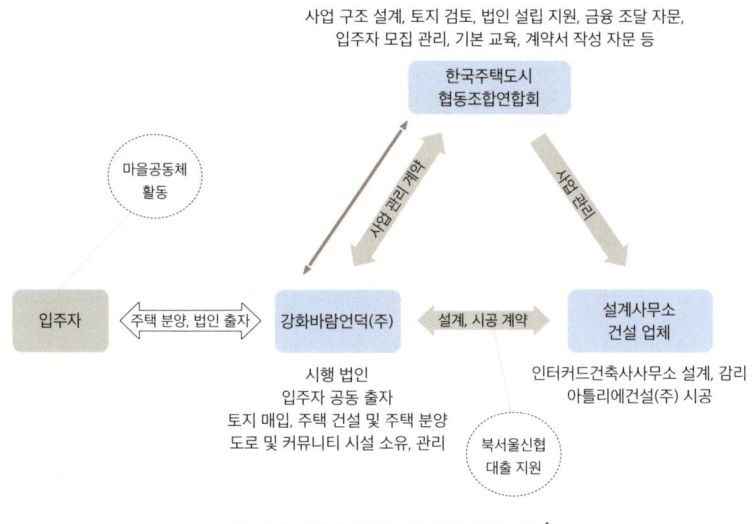

그림 5-78 강화바람언덕의 개발 사업 구조*

을 확정하였다. 2020년 1월에 기본 설계를 완성하여 10개 주택의 세대 위치를 확정하였고, 청년 임대주택 2세대(6인용), 커뮤니티센터 1동을 계획하였다. 2020년 3월에 개발 행위 허가를 위한 토목 설계를 계약하였으나 1필지 추가 매입으로 사업이 지연되었다.

2021년 1월 설계까지 마친 상태에서 2가구가 이탈함으로써 위

* 출처: 한국주거학회 견학자료집 /아틀리에건설 기노채

기를 맞게 되었는데 그 이유는 분양 방식과 추가 세대 모집에 대한 의견 차이 때문이었다. 결국, 입주자 긴급회의를 열어서 경제적 부담과 주택 정책을 고려하여 임대형 청년주택 2채를 삭제하였고, 미분양 2가구가 4월까지 신규로 합류하고, 이탈 2가구 중 1가구가 잔류하기로 최종 결정함으로써 1가구가 미분양인 상태로 2021년 2월에 건축 허가를 받았다. 이어서 2021년 3월에 아틀리에건설㈜과 건축 공사 도급계약을 체결하여 착공에 들어갔다. 그동안 코로나 유행, 원자재 폭등, 복잡한 단지 공사 등의 많은 어려움이 있었으나 사업에 큰 차질 없이 완공되어 2022년 4월에 드디어 11가구가 입주하게 되었다.

강화바람언덕에서도 입주자 교육과 입주자 모임, 그리고 주택 디자인 참여 등 코하우징에서 가장 중요한 요소인 주민 참여가 다양하게 이루어졌다. 입주 교육은 입주자 설명회를 비롯해 총 6번의 교육이 이루어졌으며 교육 내용은 공동체주택에 대한 개념과 사례, 그리고 공동체주택 생활에 대한 주의 사항 등을 주제로 하였다.

입주자 모임은 대략 매월 1회 정도, 한국주택도시 협동조합 연합회 서울 회의실 또는 강화도 자람도서관에서 개최하였다. 회의록이 기록된 공식 회의가 32회로, 실제로는 준비 포함 50회 이상의 공식·

비공식 회의가 개최되었다. 회의 내용은 주요 진행 사항을 체크하고 주요 사항 결정 시에는 가능한 한 만장일치제로 결정하였고 회의록은 밴드(band)에 공유하였다. 비공식적인 모임은 산청 마당극 마을 견학 및 황매산 여행, 수리산, 변산 바람꽃 탐사 여행 등을 실시하여 입주자 간에 친목을 도모하였다. 마을 단체 카톡방을 열어 일상적 대화를 공유하고 밴드에서 자료 정리와 보관을 하였으며 필요시에는 줌 회의도 개최하는 등, 다양한 통로로 서로 소통하려고 노력하였다.

　　마을 및 주택 설계 디자인 시에도 입주민의 참여형 설계를 통해 주민들의 의견을 반영하도록 하였고 부지 선정의 경우에도 주사위 던지기로 민주적 방식으로 결정하였다. 또한 주민 중에 인테리어 디자이너가 있어서 그를 디자인 코디네이터로 선정하여 주민들의 다양한 취향을 최대한 반영하기도 하였다.

공간 특성

　　강화바람언덕은 스틸하우스 구조의 다세대 공동주택 5동에 총 12채의 개인 주택과 1종 근린생활시설 1동의 공동체 시설로 이루어져 있다. 단지 설계의 특징을 살펴보면 주택별로 바닥 레벨을 조정해서

《 3 》전원형 코하우징

그림 5-79 강화바람언덕 배치도
출처: 한국주거학회 견학 자료집 /아틀리에건축 기노채

기존의 경사지 토지 레벨을 최대한 활용하고 토사 유출을 최소화하였다. 주차장을 입구에 배치하고 단지 내부로는 차량 진입을 금지함으로써 단지 내를 안전하고 쾌적한 환경으로 조성하였다. 그러나 첫 입주 이사와 긴급한 상황에는 집 앞까지 차가 진입할 수 있도록 설계되어 있다. 그리고 마을 중심에 공용 마당을 두어 개방감을 주고 주민들의 공동 야외 활동이 가능하도록 계획하였다. 공동체 시설(커뮤니티 하우

Part 5 국내 코하우징의 사례

스)은 마을 입구에 배치하여 접근성을 높이는 동시에 주민들의 개인적 프라이버시를 보호할 수 있도록 하였다.

그림 5-80
공동 광장이 보이는 마을 전경

그림 5-81 개별주택 전경
그림 5-82 개별주택의 내부 공간

Part 5 국내 코하우징의 사례

개별주택은 철근콘크리트 구조보다 친환경적이고 목조 대비 장수명인 스틸하우스 구조를 적용하였고, 전 세대를 남향으로 배치해 세대별 조망권을 확보할 수 있도록 하였다. 경제적이고 심플한 마감재를 선정하여 검소하지만 누추하지 않은 검이불루(檢而不陋) 사상을 반영하도록 하였으며 유럽식 시스템 창호, 철저한 단열, 콘크리트 기초 위에 튼튼한 축대 등, 주택 성능을 극대화하는 설계를 하였다. 그리고 입주민의 참여형 설계를 통해 다양한 개인의 취향을 반영하도록 노력하였으며 개인의 부담 능력을 고려하여 마감재 선정에 다양성을 두었다.

☝ 주민 구성

강화바람언덕의 주민들은 강화중학교 교장 선생님, 오늘공동체 목사님과 친분이 있는 분, 기노채 대표님의 친구(마을 촌장님), 일산의 약사 등 서울, 분당, 인천 등지에서 주로 많이 입주해 왔다. 당초에는 세컨드 하우스 입주는 지양하기로 했으나 개인적 사정으로 인해 주말 주택으로 사는 가정이 2가구 정도 있고 나머지는 전부 입주해서 살고 있으며 2023년 기준, 집 한 채는 아직 미분양 상태로 새로운 주민을

《 3 》전원형 코하우징

기다리고 있다. 주민들의 연령대는 40~50대가 주를 이루지만 50대가 가장 많고 40대가 3가구, 60대 가족도 있으며 치매 부모를 모시고 있는 가정도 두 집이 있다. 주민의 나이, 구성, 직업 모두 다양하고 청소년 중에는 10살 초등학생부터 중, 고등학생이 모두 섞여있는 세대 통합형이다.

공동 생활

마을의 기본적인 공동 활동에는 3개의 동아리가 있고 각 팀원은 6~7명 정도이다.

첫 번째 팀은 행사팀으로 생일 축하, 슬픔 혹은 기쁨을 나누는 행사들을 준비한다. 중간중간 번개 모임을 하는 경우도 많다. 어떻게 하면 마을 주민들이 서로 재미있게 잘 살 수 있을까를 고민하는 동아리이다.

두 번째 팀은 초록 정원팀이다. 마을 입주 시에 비용이 모자라서 조경 사업을 못 하였는데 입주 후 동아리가 주축이 되어 주민들이 자체적으로 정원과 외부 공간을 꾸며가고 있다. 쿠바식 공동 텃밭(ALC 친환경 벽돌 이용)도 만들었고, 전 세대를 대상으로 개별주택

그림 5-83 공동 마당에서 여는 날 행사로 함께 한 풍물놀이 공연

잔디도 품앗이로 직접 깔았다. 페인트칠, 잔디 깎기도 주민들이 함께 하고 있는데, 잔디 깎기 기계는 공동으로 한 개를 구입하여 사용한다. 이렇게 하니 공동 비용을 줄일 수 있었고, 공동 작업이 일이 아니라 서로 즐기면서 노는 놀이가 되었다.

세 번째는 공동 식사팀이다. 매월 마지막 주 토요일은 공식적인 마을 전체 공동 식사 날인데 이 팀은 이날의 공동 식사를 준비한다. 이 팀은 필요한 경우에 다른 팀에서 주최하는 행사 시에 부정기적으로 음식 준비를 담당하기도 한다.

《 3 》전원형 코하우징

　　입주 후 최초의 공동체활동은 '여는 날 행사(준공식)'로 2022년 5월에 있었는데 주민들의 의견을 반영하여 친환경적으로 준비하였다. 그 예로 실제 돼지머리 대신에 종이로 돼지머리를 만들어 상에 올리고, 폐지로 커팅 리본을 만들어 모든 입주민들과 아이들, 건축 개발 과정 관계자들도 모시고 함께 커팅식을 하였으며 산마을 산패 친구들이 풍물놀이 공연을 하였다. 마을 이사 이후에 원예 텃밭 활동, 흙집 만들기, 목공 활동, 장터, 마을 공연 등 다양한 공동 활동을 어른들뿐만 아니라 아이들도 함께 하고 있다. 얼마 전에는 특별한 공동 활동으로 1주년 기념 축제인 길놀이를 하였다. 주민들이 참여하여 음악회 방송을 했는데, 출타 중인 사람들도 온라인으로 참여하여 서로 좋아하는 음악과 그 이유를 공유하기도 했고 단체 사진을 찍으며 즐겼다. 주민들은 이 행사를 앞으로 연례 행사로 계속하기로 결정하였다.

　　그 외에 글쓰기, 걷기, 원예 등 다양한 공동 활동 프로그램이 있으며, 어르신들을 모시고 강화 나들길 여행을 하기도 했다. 공동체 시설인 자람도서관에서는 주중 오전에는 어른을 위한 프로그램을, 오후에는 아이들을 위한 프로그램을 진행하고 있다. 이 공간은 마을뿐만

그림 5-84 공동 마당

아니라 근처 지역 주민들과도 소통하며 활동을 함께 할 수 있도록 열려 있다. 얼마 전에는 지역 주민인 영화감독을 초대하여 영화 관련 행사도 진행하였고 장애인 공동체에서 '부모님과 함께하는 클래식'이라는 행사도 개최하였다.

그림 5-85
자람도서관 옆 공동 데크

그림 5-86
자람도서관 앞의 쿠바식 공동 텃밭

그림 5-87 공동 생활 시설 - 자람도서관 전경

🔖 공동 생활 시설

공동 생활 시설에는 인근에 있던 자람도서관이 입주하여 주중과 낮 시간에는 마을 도서관으로 사용하고 주말과 야간에는 주민 공동 생활 시설로 사용한다. 자람도서관은 월세 30만 원, 20년 임대 보증 약정으로 공동 생활 시설을 사용하고 있으며, 월세 30만 원은 마을 기금으로 사용된다. 자람도서관은 '도서관을 품은 마을', '마을을 품은 도서관'이라는 모토로 마을과 함께 공생하며 지역 주민에게도 개방하여 공동체의 영역을 마을 밖까지 확장하는 역할을 하고 있다. 자람도서관의 관장도 역시 강화바람언덕의 주민이다.

그림 5-88 자람도서관 내부

♟ 의사 결정 및 주거 관리

주민 모임은 2018년 3월 25일 공동체 주택 추진 첫 모임을 이후로 입주한 지 이제 1년이 좀 넘었는데 현재까지 그간 78회의 모임이 있었다. 현재는 정기적으로 한 달에 1~2번 정도의 주민 회의 모임이 있다.

기본적인 의사 결정 방법은 서로의 소통을 통해 최대한 만장일치제를 사용한다. 강화바람언덕은 이전부터 인근 학교 학부모 모임과 진강산 마을 교육 공동체, 자람도서관을 통한 공동체 활동을 기반으로 탄생한 공동체 마을이므로 의사 결정에 관해 이미 어느 정도의 훈련이 되어있다. 그러므로 어떤 문제나 의사 결정의 상황이 생겼을 때 그 문제를 투명하게 내어놓고 모두가 함께 바라보고 서로의 입장을 이해하면서 해답을 찾으려고 노력한다.

마을 계획 단계에서 의사 결정에 관한 한 예를 들자면 초기 설계안은 마을 입구까지만 차가 들어오도록 설계되어 있었는데, 한 입주자가 자신의 집 앞까지 차가 들어올 수 있도록 설계 변경을 요구하여 설계를 다시 바꿔야 하는 상황이 되었다. 모두들 이 문제를 어떻게 잘 해결할 수 있을지 고민하는 사이에 주민 한 사람이 주차장 공간에 실제로 사이트 플랜을 라인으로 그려서 차가 어디까지 들어갈 수 있는지를 시뮬레이션해서 동영상까지 찍어서 설명하였다. 그 결과를 보고 문제를 제기했던 입주자가 본인의 주장을 접고 합의하기도 하였다. 이 사건은 주민 간에 서로의 진심을 알고 서로 이해하는 계기가 되었다.

의사 결정과 관리에 관한 또 다른 한 예로, 쓰레기 재활용 수거통을 마을에서 5~10분 정도 걸어가는 거리에 둘 것인가, 아니면 편의상 마을 입구에 놓을 것인가를 놓고 의견이 분분했었다. 그러나 자연스러운 토론 끝에 마을 입구에 놓는 것이 좋겠다고 의견이 모아졌다.

공동체에서는 마을과 주거 관리를 위하여 장기수선충당금을

《 3 》 전원형 코하우징

걷고 있다. 처음에는 각 세대당 10만 원씩 내자는 의견이 있었는데, 모두의 의견을 통합한 결과, 일률적으로 10만 원을 내는 것은 어느 집에서는 가능할 수 있지만 다른 집에서는 부담이 될 수도 있으므로 일정 금액을 정하지 말고 계좌 이체로 자율적으로 내자고 하여 그렇게 하고 있다. 누가 얼마를 내는지는 서로 모르지만 평균적으로 매달 거의 비슷한 금액이 걷히므로 잘 유지되고 있다. 가끔 자람도서관이 외부의 지원 사업을 받으면 그것을 다시 마을 기금으로 충당하기도 하여 강화 바람언덕 마을과 자람도서관이 상생하고 있다.˙

* 출처: 아틀리에건축 기노채, 한국주거학회 견학자료집에서 인용

Part 6

향후
국내 코하우징의
확산을 위한
제언

코하우징은 인간성을 존중하는 이념의 추구뿐만 아니라 현실적으로 많은 사람들의 생활을 쉽게 해주는 새로운 주거 대안의 일종이다. 코하우징을 개발하고 사람들이 그곳에서 잘 살게 하기 위해서는 점점 더 많은 제안과 발전이 계속될 것이다. 여러 가지 형태의 코하우징을 개발하는 것도 그러한 대안 중 하나다. 새로운 공동체는 직업 활동과 일상생활을 잘 조화시키고, 주민의 종류와 수를 다르게 함으로써 공동체의 다양한 수준과 형태를 구성할 수 있다. 지방정부에서 공영주택을 개발할 때 일반주택과 혼합되어 한 동 정도를 미리 코하우징으로 분양하거나, 소규모로 신축하거나 또는 오래된 주택을 개조할 때 코하우징 공동체를 실험적으로 배치해보는 것도 좋을 것이다. 이 실험은 보다 현실적이고 사회적으로 만족스럽게 살기 위하여 다른 사람들과 함께 살기를 원하는 한부모가족, 노인 가족과 같은 사회적 약자 그룹의 요구에 맞게 계획할 수도 있다.

코하우징 주거 단지는 선구자인 스웨덴과 덴마크에서는 물론 노르웨이, 독일, 프랑스, 호주, 일본 등지에서도 개발되었으나 처음에는 많은 장애에 부딪혔다고 한다. 우리나라에서도 종전에 같은 직업을

Part 6 향후 국내 코하우징의 확산을 위한 제언

가진 사람들, 또는, 친구들끼리 개인적인 차원에서 동호인 주택이 시도된 적이 있었으나 공동 취사나 공동 식사, 공동 청소 등의 일상생활을 함께하는 경우는 드물었고 다만 주택들이 한 장소에 모여 있는 수준에 머무렀다. 이러한 마을들이 효율적인 공동체 생활을 영위하기 위해서는 공동 부엌과 식당, 공동 세탁소, 탁아 시설, 어린이 놀이방, 사무자동화 시설 등이 갖추어진 커뮤니티 공간이 필수적으로 설치되어야 한다.

그리고 물리적인 공간의 제공과 함께 무엇보다도 중요한 것은 그곳에 사는 주민들이 진정으로 사회적 교류를 희망하고 남에게는 폐를 끼치지 않으며 나와 남에게 윈-윈win-win이 되는 생활 방식을 실천하는 것이다. 이것은 주민 각자가 모두 강한 공동체 의식을 가질 때만 가능하지만 공동체 정신의 함양은 하루아침에 일어날 수 있는 것은 아니다. 공동체 정신의 함양을 위해서는 코하우징의 예비 입주자를 대상으로 미리 코하우징의 이념과 특징을 알리고 교육하는 것이 도움이 될 것이다. 이를 위해서 초기에는 주민들이 스스로 공동 생활을 영위할 수 있도록 이를 지도할 수 있는 공동체 생활 코디네이터의 역할도 필요하다.

코하우징의 개발과 주민 교육은 국가마다 다르다. 한가지 사례로 스웨덴의 민영 주택 회사 JM에서 개발한 분양 주택 시니어고든 코하우징의 경우에는 분양부터 입주 후 1년간 회사의 전담 코디네이터가 정기적으로 코하우징을 방문하여 공동 생활에 대한 주민 교육을 하고 주민들과 함께 공동 생활의 구체적인 업무를 담당해 주다가 주민들이 스스로 공동체의 업무를 해결할 수 있을 때가 되면 이 업무를 주민에게 이양하고 떠나는 방법을 사용한다.

또한, 덴마크나 스웨덴에서는 대부분의 공영 임대 코하우징은 개발 주체인 지방정부와 함께 미래의 주민 그룹이 적극적으로 개발 단계에서부터 참여하는 것을 정책적으로 지원함으로써 이 기간 동안 주민들이 서로 자연스럽게 친숙해지고 공동체 정신이 발달되는 과정이 있다. 그러나 적극적으로 정부가 코하우징의 개발에 개입하는 북유럽과 달리 자유 주택 시장하에서 코하우징이 개발되는 북미의 경우에는 개발자 위주의 분양 주택 방식이 주류를 이루고 있어 준비, 설계, 분양, 주민 교육까지의 모든 과정을 개발 회사에서 코디네이팅해 주는 방식이 일반적으로 사용된다. 따라서 이러한 모든 개발 과정은 각 나라의 주택 정책과 밀접한 관련을 가진다. 그러므로 앞으로 우리나라에

Part 6 향후 국내 코하우징의 확산을 위한 제언

서 코하우징의 개발에 있어서 정부 또는 지방정부가 어떠한 정책으로 지원할까를 결정하는 것이 중요한 관건이 될 것이다. 2017년 이래로 국내에서 선두적으로 진행되고 있는 서울시의 공동체주택 지원 사업은 다른 지방자치단체에서도 각 지자체의 실정에 맞게 응용해 볼 만하다. 서울시의 공동체주택이나 LH공사의 테마형 주택, 사회주택 등은 이러한 맥락에서 등장하게 된 공공 주도형의 공동체주택 유형으로 볼 수 있다. 민간 영역에서 주거지를 통한 공동체 문화를 조성하도록 유도하기 위해서는 민간, 공공, 학계 등 다양한 주체의 노력이 필요하다.

새로운 주거 문화의 형성은 많은 에너지, 시간, 재정 등의 투입과 노력이 요구되지만, 저렴한 주거비만으로는 삶의 질을 높이고 만족도를 높이는 데에는 한계가 있고 지금부터라도 새로운 주거 문화에 대한 고민은 계속되어야 할 것이다. 그런 측면에서 유럽의 코하우징은 국내 주택 시장에 시사하는 바가 크며, 일률적인 주택 공급보다는 소비자의 눈높이와 요구에 맞추어 조금씩 성장할 수 있도록 지원하고, 주택이라는 하드웨어뿐만 아니라 최소한의 공동체 문화가 조성될 수 있는 소프트웨어 측면의 지원도 함께 고민할 필요가 있다.

정책적 지원

다양한 한국형 코하우징이 등장하기 위해서는 민간 사업자 및 주택협동조합 등 다양한 공급 주체가 성장할 수 있도록 지원함으로써 주택 시장에서의 민간과 공공의 역할이 서로 균형점을 찾아갈 필요가 있다. 국내의 코하우징이 확산되기 위해서는 소비자들이 새로운 주택 모델과 공유하는 삶의 방식을 선택할 수 있는 기회가 충분히 제공되어야 하므로 정책적 성과와 이념만으로 주택을 바라보기보다는 코하우징에서의 삶을 희망하는 시민들에게 다양한 선택의 기회가 주어지도록 노력하는 것이 정부와 공공의 주요한 역할이 될 것이다.

한국형 코하우징을 처음 선보인 서울시의 경우, 2017년에 공동체주택 지원 허브인 '집집마당'이라는 상설 기관을 설치하고 오프라인은 물론, 온라인 플랫폼을 구성하였다. 집집마당에서는 공동체주택의 건축, 재정 지원, 교육 및 임대 등에 관한 정보를 제공함으로써 공동체주택의 생산자와 이를 찾고 있는 소비자 개인들 모두에게 기여하였다. 이와 더불어 서울시는 국내 최초로 공동체주택 마을인 '도서당'을 면목동에 조성함으로써, 단위 주택이 아닌 마을이라는 지역 단위로 확장된 모델을 보여주었다. 도서당은 서울시가 소유한 채비지를 임대한 토지임대부 공동체주택 마을로, 총 4개의 공유 공간이 존재하며, 이 시설들을 공동체주택 거주자뿐만 아니라 모든 지역 주민들에게도 개방함으로써 지역사회에도 기여하는 좋은 사례이다.

최근에는 도시에서 마을 만들기 사업이 많이 진행되어, 젊은 사람들이 도시형 코하우징으로 입주하는 경우가 증가하고 있다. 이에 따라 귀농·귀촌을 위한 전원형 코하우징의 경우 주민의 연령대가 점점 높아지는 경향을 보인다. 대부분의 전원형 코하우징의 경우 지자체나 농림부에서 지원을 받아 귀농·귀촌 사업의 일환으로 지어지는 경우가 많은데 이런 경우에 정부에서 요구하는 조건을 맞추기 위해서는 경험이 많은 전문 회사의 도움이 절실히 필요하다. '백화마을'의 경우에도 '민들레 코하우징'이라는 전문 회사가 함께 협력하여 개발하였다. 그러나 이러한 개발 경험이 단편으로 끝나는 경우가 많고 국내에는 경험이 축적된 전문 회사가 아직 많지 않은 것도 현실이다.

'강화바람언덕'의 경우에는 국내의 공동체주택 보급에 경험이 많은 '하우징쿱'의 도움을 받아 공동체주택에서 살고자 하는 중산층에게 좀 더 저렴하게 주택을 제공할 수 있었다. 하우징쿱에서는 처음에 저렴하고 좋은 토지를 직접 개발하여 고품질의 주택을 합리적인 가격으로 공급하고자 하였으나, 토지 확보에 2년이 걸려 결과적으로 사업의 장기화를 초래하게 되었다. 중도 이탈자, 청년 세대 유입을 위한 임대주택이 취소됨으로써 결국은 자람도서관을 유치하였다. 기존 마을 공동체와의 소통과 연계를 고려하여 공동체 시설을 자람도서관에 임대하고 주민들과 시간차를 두고 공동으로 사용하게 계획하여 지역 공동체와 긴밀한 소통이 가능하게 되었다.

강화바람언덕은 원래 단지 전체를 주택협동조합 소유로 추진하려 하였으나 부동산 정책에 대한 위험 요인이 있어서 분양주택으로 추진하였고, 금융기관이 토지 공유 지분 단독주택에 대한 대출을 해주지 않는 관행이 있어서 결과적으로 단지형 다세대 주택으로 개발하게 되었다.

이상의 국내 공동체주택 개발의 사례를 보면 공동체주택과 마을의 활성화를 지원하는 관련법과 제도가 필요하다는 점을 알 수 있다. 예를 들면 민간 임대주택에 관한 특별법에 의한 장기 일반 민간 임대주택을 추진할 때 임대 보증금의 보증 보험 가입을 의무화하여 불필요한 보험료가 낭비된다든가, 임대 사업자에 대한 대출 제한, 수시로 바뀌는 부동산 정책으로 인해 세금의 부담이 크다. 또한, 건설 자금의 지원과 함께 취득세, 재산세, 양도소득세의 감면과 종합부동산세 제외, 토지 공유 지분 단독주택에 대한 대출 불이익도 앞으로 해소되어야 할 문제들이다.

경제적 지속 가능성

국내에서 공동체주택을 개발할 때 코하우징의 경제적 지속 가능성을 지원하는 것도 한 가지 유의할 점이다. 원래 생태주택이나 공유 경제를 추구하는 계획 공동체를 제외한 일반적인 코하우징에서는 주민들이 기본적으로 외부에서 직업을 가지고 공동체 안에서는 일상적인 생활만을 영위하는 것이 기본적인 이념이다. 그러므로 코하우징에서 경제의 공유는 제외하고 있지만 공동체의 경제적 지속 가능성을 추구하기 위하여 시행할 수 있는 사업을 추천하면 다음과 같은 것이 있다.

코하우징에 따라서는 공동체에서 재택근무를 지원하는 경우가 많다. 코하우징의 특성상, 한 공동체 안에 다재다능한 이웃들이 많고, 공동으로 저렴한 가격으로 인터넷 접근이 용이하며 재택근무자가 사회적으로 고립될 위험에서 벗어날 수 있는 장점이 있으므로 일반 주택단지보다 코하우징에서 재택근무가 더욱 용이하다.

예를 들면 캐나다의 윈드송 코하우징의 경우에는 각 주택 내에 초고속 인터넷을 연결하고 "windsong.bc.ca"를 이용하는 이메일 주소를 사용함으로써 개인적으로 인터넷을 사용하는 것보다 비용을 절감할 수 있게 했다. 그리고 널찍한 공동 공간에서 공동 팩스기나 복사기 등의 사무 용기를 사용하는 것도 또한 비용 절약에 도움이 된다.

윈드송에는 다수의 재택근무자들이 있고 그 사례는 다음과 같다.
- "베지테리언이 되는 방법" 영양학 - Vesanto Melina M.S., www.nutrispeak.com
- 코하우징 투자펀드 - Alan Carpenter; alan.carpenter@gmail.com
- 생태 건축 전략 - Patrick Meyer; 지속 가능한 건축 기술 자문
- 해밀 스튜디오 - 미술 전문가

- 어린이용 도서 작가 - Susan McFee, author & Marjorie Stewart, artist / 질문으로 코하우징을 어린이에게 소개하는 책
- 비전 정보 시스템 - Allan Skuce, System Design, allan@avpbc.com
- 끝없는 리더쉽 - Carollyne Conlinn, 리더쉽 트레이닝
- 베지테리언 B&B 숙박업 - Vesanto Melina(www.windsong.ca)

개인적 차원의 재택근무 사업 이외에도 코하우징 공동체가 공동적인 차원에서 사업을 계획하고 이에 참여함으로써 인근 지역사회와의 연결을 도모하고 소득을 올려 주민들의 개인소득이나 공동체의 공동 수입으로 사용하는 사례도 있다.

한국의 백화마을의 경우에는 주민들이 정주지에서 일자리를 창출하고 자녀들을 위한 교육 환경을 조성하기를 희망하므로 커먼하우스도 이러한 주민들의 삶의 활력소를 찾는 공간으로 이용한다. 백화마을 주민들은 공동 활동으로 방과 후 학교, 산촌 유학, 에너지 체험 마을 등의 프로그램을 운영하여 주민들의 일자리 창출에도 기여한다.

스웨덴 소켄스투간 코하우징에서는 매달 정기적으로 벼룩시장을 운영하여 주민들과 인근 지역사회에서도 좋은 반응을 얻고 있다. 이것은 단지 수입뿐만 아니라 재활용품을 적극적으로 활용함으로써 지구 오염을 줄인다는 지구 환경 보전의 목적에서도 의의가 있는 활동이다.

재활용품과 관련하여 주민 간에 무상으로 물건을 주고받는 일은 여러 코하우징에서는 흔히 일어나는 일이다. 커먼하우스의 한 장소에 선반을 마련하고 자기에게 불필요한 물건을 내놓거나 필요한 물건을 무상으로 가져가는 일은 쓰레기를 줄이고 자원의 재활용 측면에서도 매우 바람직한 일이다. 주민들은 재활용 쓰레기를 모아서 판매한 비용은 자선단체에 공동으로 기부하기도 하고, 재활용품을 손질하여 일정액을 받고 판매하는 카페를 운영할 수도 있다. 이것은 주민들이 가진 인적 자원을 활용하고 지구 환경오염을 줄이며 소득도 얻을 수 있는 사업으로 외국에서는 많이 활용되는 방법이다. 북카페를 운영하며 회원들이 음료를 판매하는 일도 지역사회에 쉼터와 만남의 장소를 제공하면서 공동체의 수입을 창출할 수 있는 사업이 될 수 있다.

어린이가 많은 코하우징 단지에서는 커먼하우스의 공부방을 이용하여 단지 내의 어린이들과 외부 지역 주민의 어린이들이 함께 방과 후 공부방을 운영함으로써 지역사회와의 연결 고리는 물론, 수입도 창출할 수 있다.

그 외에 농촌 지역에서는 유휴 인력이 있는 노후 세대가 공동체에 모여 살면서 공동으로 농산물을 생산하여 소득을 올리면서 생활하는 은퇴 농장도 공동체의 사업의 하나로 추천할 수 있다. 이러한 은퇴 농장의 사례는 "홍성은퇴농장", "양평은퇴농장", "아름다운 은빛농장" 등이 있다.

그러나 이상과 같은 공동체 사업이 코하우징의 주된 수입원이 되어서는 안 되며 어디까지나 공동체의 공동 활동 활성화의 한 가지 방안으로, 그리고 공동체와 지역사회와의 연결을 추구하는 차원에서 시행되어야 한다는 점을 강조하고 싶다.

우리나라와 외국의 코하우징 실험을 통하여 우리가 얻을 수 있는 가장 중요한 교훈은 일반인들에게 통상적인 주거 이외에도 대안적인 주거가 있다는 사실을 알리고 우리 사회도 이제는 대안 주거로서 코하우징의 생활을 요구할 단계에 있다는 것을 인식하는 것이다. 이를 실현하기 위해서는 국내의 코하우징에 살고 있는 사람들과의 전국적인 네트워크 구축은 물론 세계적인 네트워크에 참여를 통하여 코하우징에 대한 지속적인 정보와 지식을 개발하고 모니터링할 필요가 있다. 그리고 이를 정책적으로 뒷받침해 줄 지식이 있고 헌신적인 정치가들과 전문가들의 꾸준한 노력이 필요할 것이다.

참고 문헌

단행본

서울특별시(2017). 함께 살아 좋은집-공동체주택 매뉴얼 북. 서울특별시. 서울.

서울주택도시공사(2016). 맞춤형 공동체주택. 서울주택도시공사. 서울.

은공1호사람들(2023). 공유주택 은공1호 이야기. 오늘. 서울.

은난순(2018). 서울형 공동체주택 공동체 활성화 지원 사례관리집. 한국주거복지연구소. 서울.

은난순(2019). 공동체 코디네이터 활동사례집. 한국주거복지연구소. 서울.

은난순(2020). 공동체 코디네이터 교육 자료집. 서울주택도시공사. 서울.

은난순(2023). 서울시 공동체주택과 공동체 코디네이터 지원 사례집. 한국주거복지연구소. 서울.

은난순(2024). 공동체 코디네이터 운영 및 관리 용역 보고서. 한국주거복지연구소. 서울.

이연숙(2022). 해심당 사람들1. 심바이오리빙텍. 서울.

주거학연구회(2000). 더불어 사는 이웃. 세계의 코하우징. 교문사. 서울.

최정신·이언 폴손(2006). 스칸디나비아 노인용 코하우징의 계획과 적용. 집문당. 서울.

최정신·이언 폴손(2016). 스칸디나비아의 시니어 코하우징. 어문학사. 서울.

최정신·홍서정(2017). 코하우징 공동체. 어문학사. 서울.

최정신(2017). 외국의 공동체주택 관리규약에 대한 사례연구. 서울시 주택정책과 연구용역보고서.

홍형옥,이경희,최정신,김대년,조재순,권오정(2004). 노후에는 어디에서 살까.지식마당.서울.

Durrett, Charles(2005). Senior Cohousing, A Community Approach to

Independent Living. Habitat Press. Berkley, USA.

Durrett, Charles(2009). The Senior Cohousing Handbook, New Society Publishers, BC. Canada.

Paulsson, Jan(1997). Det Nya Ädreboender, Idéer och begrepp, byggnader och rum(New Concepts and Design of Housing for the Frail Elderly). R3:1997, Chalmers tekniska högskola, Göteborg, Sweden

McCamant, Kathryn & Durrett, Charles(1994). Cohousing, A Contemporary Approach to Housing Ourselves. Ten Speed Press. Berkley, USA.

Pedersen, Max(1999). Seniorbofællesskaber. BiC(Boligtrivsel i Centrum). København. Denmark.

Pedersen, Max(2000). Nybygerre i den tredje alder, om bofællesskaber. BiC(Boligtrivsel i Centrum). København. Denmark.

학술지, 학회 발표 논문

조정현·최정신(2011). 코하우징 계획 시 주민 참여 워크숍 프로세스 분석연구. 대한가정학회지 49(7). pp.81-95.

조정현·최정신(2011). 미국 코하우징의 특성 및 주민 참여 현황. 한국주거학회지 22(2). pp.11-20.

조정현·최정신(2010). 코하우징 계획을 위한 주민 참여 워크숍 사례. 한국가정관리학회지. 27(6). pp.155-169.

최정신(2003). 덴마크 자치관리모델(Self-work Model) 노인용 코하우징의 디자인 특성. 대한가정학회지. 41(4). pp.1-19.

최정신(2003). 스칸디나비아 노인용 코하우징 주민의 이주동기. 대한건축학회 논문집 계획계. 대한건축학회. 19(12). pp.129-138.

최정신(2005). 스웨덴과 덴마크 노인용 코하우징 주민의 생활만족도 비교. 주거학회논문집. 한국주거학회. 16(6) pp.149-160.

최정신·조재순(2006).스칸디나비아 노인용 코하우징 주민의 이주동기와 생활만족도의 성별차이. 한국가정관리학회지. 한국가정관리학회. 24(1). pp.117-128.

최정신(2013). 스웨덴 노인용 코하우징 주민의 이주동기의 시계열적 차이: 2001~2010년 10년간의 차이를 중심으로-. 한국가정관리학회지. 한국가정관리학회. 31(3). pp.81-92.

Choi, Jung Shin & Paulsson, Jan(2003). A Study of Life and Physical Environment of Senior Cohousing in Scandinavian Countries, with Significance for Future Quality of Life in European Countries and East Asian Countries, Proceedings of Stockholm Symposium on Nordic Studies, Association of Nordic Studies, Sweden, Japan and Korea, Stockholm, Sweden.

Choi, Jung Shin(2004a). Perception of Senior Cohousing by Korean 50s Living in Seoul Area, Proceedings of ENHR(European Network for Housing Research) International Conference, Cambridge, UK.

Choi, Jung Shin 2004b). Evaluation of Community Planning and Life of Senior Cohousing Projects in Northern European Countries. European Planning Studies 12(8). pp.1189-1216.

Choi, Jung Shin & Paulsson, Jan(2011). Evaluation of Common Activity and life in Swedish Cohousing Units. International Journal of Human Ecology. Korean Institute of Human Ecology. 12(2).

pp.133-146.

Choi, Jung Shin(2013). Why Do People Move to Cohousing Communities in Sweden? -Are there any Significant Differences between the +40 Cohousing and the Mixed-age Cohousing?-. Architectural Research. Architectural Institute of Korea. 15(2). pp.77-86.

Paulsson, Jan(1996). New Concepts and Design of Housing for the Frail Elderly in Sweden. 가톨릭대학교 국제학술심포지움 "한국노인주택개발의 방향모색" 발표자료집. 서울.

Vestbro, Dick Urban(2000). From Collective Housing to Cohousing-A Summary of Research. Journal of Architectural and Planning Research. 17(2). pp.164-177.

웹사이트

http://fardknappenkollektiv.se

http://www.kollektivhus.nu/english/index_eng.html

http://www.majbacken.org

http://www.si.se

http://denmark.dk

http://www.cohousing.org

http://russinetilund.dinstudio.se

http://sjofarten.se

http://sockenstugankollektiv.nu

참고 문헌

http://masterbuilder.kr (건축명장)

https://soco.seoul.go.kr/ (서울시 공동체주택 플랫폼)

https://www.eroun.net (이로운넷)

https://www.travie.com (위스테이 별내, 트래비매거진)

https://cohousing.co.kr/About (민들레 코하우징)

https://m.blog.naver.com/2030yang/221222877641 (백화마을 이야기)

https://www.instagram.com/explore/locations/1013125337/?hl=ko (백화마을 인스타그램)

brunch.co.kr (건축가 김주원의 브런치)

instagram_김수동, 새맘뜰 인스타그램

cohousing.co.kr(민들레코하우징 홈페이지)

기타 자료

별내평화마을 3년 성과자료집, 2020.

아틀리에건축 기노채, 한국주거학회 견학자료집

한국주거복지연구소 내부자료, 2017, 2020, 2023.

「서울특별시 공동체주택 활성화 지원 등에 관한 조례」

부산일보, 2023. 02. 21. 기사

한국의 코하우징
Cohousing Communities in Korea

초판 1쇄 발행일 2025년 7월 21일

글/사진 최정신·은난순·조정현

펴낸이 박영희
편 집 조은별
디자인 김수현
마케팅 김유미
인쇄·제본 AP프린팅

펴낸곳 도서출판 어문학사
주 소 서울특별시 도봉구 해등로 357 나너울카운티 1층
대표전화 02-998-0094 **편집부1** 02-998-2267 **편집부2** 02-998-2269
홈페이지 www.amhbook.com
e-mail am@amhbook.com
등 록 2004년 7월 26일 제2009-2호

X(트위터) @with_amhbook
인스타그램 amhbook
페이스북 www.facebook.com/amhbook
블로그 blog.naver.com/amhbook

ISBN 979-11-6905-046-3(03330)
정 가 20,000원

이 책의 저작권은 지은이와 도서출판 어문학사가 소유합니다.
이 책은 대한민국 저작권법에 의해 보호받는 저작물이므로, 무단 전재와 무단 복제를 금합니다.

※잘못 만들어진 책은 교환해 드립니다.